序 PREFACE

45 亿年前，宇宙大爆炸后残留的尘埃，组成了一个全新的行星——地球。在我们所谓的亘古时期，地球和月球有了最初的形状。那时地球表面岩浆滚动，炙热难耐，没有水存在的痕迹，在烟气弥漫之下是一片熔岩的海洋。

数百万年的时间过去了，地球逐渐成为适宜人类居住的家园。慢慢地，地球上有了大海，有了山川河流，有了生命。在漫长的岁月里，最终人类出现了。

有了人类的地球变得如此不同，人类的文明也开始闪烁着光芒，经历一次又一次的冲突与征服，世界慢慢变成了现在这样。

历史的长河奔流不息，世界史不是分散而孤立的历史，而是相互联系的。在人类历史发展的长河中，过去与现在也是相互联系的。当代许多历史问题都是有其原因的，比如，巴勒斯坦和以色列为什么总是战争不断?

从世界史中我们看见，科学技术推动着人类向前，虽然过程有时会曲折。虽然未来是不可知的，但未来并不是无迹可寻，通过对过去历史的总结，总会得到一些有用的判断，博古可以知今。

历史已经成为过去，我们没有时空穿梭机，无力再去更改。虽然每一次的内容、方式不尽相同，但是每一次时代的变革又是如此的似曾相识。通过阅读世界史，把握历史发展的规律与趋势，可以抓住当下这个时代的机遇。

回看过往那些辉煌的历史，英雄已经不在，留下的只是他们的传说。但是我们可以阅读他们的故事，从他们身上学到很多东西，包括他们的理想与追求，他们的判断与行动等。

对于一个想要拥有更高眼界的人来说，怎么能忽略世界历史呢？毕竟其他国家也有优秀的文明成就是值得我们借鉴和学习的。

从古至今，人类都在同自然进行斗争，每一次的斗争，人类都付出了很多的智慧，发挥了无尽的创造力，才让人类的生活得到不断地改善。这里面有很多东西是值得我们思考的。

人类在创造物质财富的同时也创造了精神财富，给我们留下了一座让人叹为观止的文明宝库。它们是属于全世界的，只要你愿意，都可以根据自己的需求去汲取。

眼界决定你思想的高度，放眼世界，你将看到更多不同的东西，你将明白更多的道理。“他山之石，可以攻玉”，也许多看看，你就会发出这样的感叹：“原来如此！”

从已经发生的历史中找到一些规律，从过去的兴衰成败中学到一点经验，从伟人身上获得一点收获，这就是本书作者的一点小心思。

本书主要将世界史分为上古史、中古史、近代史和现代史四个部分，按照文明的发展进程，从公元前 4000 年人类出现文明的曙光开始，写到 20 世纪的第二次世界大战结束，简单明了。

本书用年表贯穿始终，事件侧边附有年表，里面简要地记录了事件及其发生的地区和时间，读者可以便捷地了解每个事件的大概。内容上以政权的更替、王朝的兴衰、重要的战役、著名人物的活动等重大的事件为主。

里面有考古的发现，有历史的记载，有神话的传说，有图片，有简要的年表。作者通过多种方式，希望为读者还原一个真实的世界史，让读者在阅读时能快速了解那些复杂的历史，读完后都能有所收获。

我用年表读历史

一看就懂的世界史

刘翠清 编著

图文典藏版

中国法制出版社
CHINA LEGAL PUBLISHING HOUSE

目录 CONTENTS

第一章　文明的曙光与国家崛起

人类的出现

人类的祖先，经历了漫长的岁月，终于由猿进化成了直立行走的人。直立人的脑容量比先辈增加了一倍，已经拥有了一定的智慧。他们开始制造工具，他们懂得利用火。随着智力的发展，也冒出了文明的萌芽，使得人类开始了进一步的探索和追求。人类从开始的群居猎食和采集到畜牧农耕，从迁徙到定居。

因为河流可以提供适合农业生产的肥沃土壤和灌溉便利，所以早期的文明大多出现在大河流域。大约从公元前4000年开始，美索不达米亚、古埃及、古印度和中国相继进入阶级社会，这是人类社会发展的一大进步。对应着世界四大文明发源地，出现在幼发拉底河和底格里斯河，尼罗河，印度河和恒河，黄河和长江流域。这些最初的文明曙光，揭开了人类漫长历史进程新的序幕。

“文明”是用来区分人类和动物的依据之一，也是人类进步的证明。那么文明是什么呢？虽然世界各地各个时期的文明会有不同，但是一般用作判断文明的主要标准有：开始出现文字，社会出现等级分化，各种专门的艺术和学科开始兴起，城市成为社会的中心，产生合理的社会制度，用制度确定国家政治权利等。

尼罗河的馈赠

世界第一长河尼罗河，贯穿古埃及，像一条绿缎一样，从南向北由苏丹境内一直延伸到地中海。“尼罗河”这个词来自希腊语，意思为“河谷”。在古希腊人的心中，尼罗河孕育了埃及的文明。

事件	地区	时间（年）
出现直立人	亚洲 非洲 欧洲	距今约150万—20万
出现早期智人	亚洲 非洲 欧洲	距今约20万—4万
出现晚期智人	亚洲 非洲 欧洲 美洲	距今约4万

时间（年）	地区	事件
前 5000	南美洲	墨西哥地区开始种植玉米
前 4500	亚洲	古埃及进入前王国时期
前 4000	欧洲	乌克兰大草原出现了人工饲养马

埃及的文明之所以稳定，主要得益于得天独厚的地理环境。埃及的周围多是沙漠、瀑布，尼罗河为埃及提供了便利的运输条件。虽然尼罗河也会洪水泛滥，但是洪水泛滥的时间是固定的，基本都在 7—12 月。并且每年洪水退后，田野上留下了肥沃的土地，有利于小麦、大麦和亚麻的生长。尼罗河还给人们提供了丰富的鱼类食物。

金字塔与狮身人面像

公元前 3500 年，古埃及人根据鸟兽等的象形符号，创造了象形文字。该文字是类似汉字的方块字，一个字代表一个意思。让人感觉有意思的是，一些古埃及文字如“日、月、山、水”和中国的汉字极为相似，并且书写格式和古代汉字也类似，是从右到左、从上到下书写的。

尼罗河边的古埃及人民，开始时过着原始的生活，使用粗笨的工具艰辛地劳动着，种植粮食，这片土地开始繁荣起来。人类的欲望随着财富的累积而膨胀。从原始社会进入奴隶社会后，这里形成了四十多个小的国家，为了夺取更多的土地和奴隶，开始爆发战争。

埃及人相信有来世，认为人有看得见的人体以及看不见的灵魂，人死后，灵魂可以自由地飞离尸体，但是尸体仍然是灵魂存在的基础，并且现世是短暂的，来世是永恒的。为了让亡者在来世继续生活，要为亡者举行一系列复杂的仪式，还需要为亡者建立坚固的居住地。所以在国王死后，要用香料防腐，并且把食物等生活必需品放在金字塔内。

沙漠中的尼罗河

古埃及人认为太阳神是众神之王。国王把自己神化为太阳的儿子，也是神的化身，代表着天的意志，被尊称为“法老”。埃及没有法典，法老的话便是法律。他们为自己修建了巨大的陵墓——金字塔，金字塔就成为法老权力的象征。

在古埃及第三王朝以前，坟墓一般是巨大长方形用泥砖砌成的坟堆。从第三王朝开始，在人类历史上第一次用石块建造巨大的坟墓，这就是梯形金字塔。第三王朝的国王左赛尔死后就葬在这种坟墓里。

后来建造了很多座金字塔，其中最有名的就是建于公元前 2690 年左右的胡夫金字塔。它是历史上最大的一座金字塔，位列世界七大奇迹的首位。该金字塔原高 146.59 米，四周边地的长为 230 米，锥形建筑的四个倾斜面的倾角均为 51 度 52 分，整个金字塔由 230 万块石块砌成，不过这些石块之间并没有任何黏着物，只是一块石头叠着一块石头，表面接缝连薄薄的刀片都插不进去，这真的很让人惊奇。

经过多年的征战，最后形成了上、下埃及两个大国。它们之间为了争夺最后的霸权，又开始不断地战斗，最后上埃及国王美尼斯取得了胜利。为了纪念这场胜利，美尼斯在战场上建造了国都，并且命名为“孟菲斯”。至此，历史上赫赫有名的“古埃及王国”出现了。

埃及工匠的技术是世界公认的。他们制作的珠宝非常精致。他们开始制造皮革，给玻璃上各种颜色，并且是他们最早发明了口红、染发剂和眉笔等化妆品。

事件	地区	时间（年）
两河流域的乌鲁克文化使用陶轮制陶器	亚洲	前 3500
良渚文化开始出现	亚洲	前 3300
两河流域开始产生楔形文字	亚洲	前 3100

时间（年）	地区	事件
约前 2800	亚洲	苏美尔早期王朝建立
前 2686	亚洲	古埃及进入古王国时期
约前 2500	亚洲	古印度开始出现奴隶制小国

那时国家控制着大部分的农业和工业，并且负责分配产品，不过也有了私有财产和私营企业，不过还不普遍。国家征收的产品储存在国库，预备国家的各项开支和为荒年做储备。

经历了 2000 多年，31 个朝代的变迁，到公元前 30 年被罗马帝国吞并，古埃及灭亡。

《吉尔伽美什史诗》

吉尔伽美什是古代美索不达米亚地区苏美尔王朝国家乌鲁克的君主。史诗把他描述成了半人半神、暴虐无比的人，凭借权势巧取豪夺，强迫居民修建神庙，害得民不聊生，激起了贵族的愤怒，他们便求助于诸神。于是创造女神阿鲁鲁制造了恩奇都。吉尔伽美什命令手下把恩奇都引诱到了乌鲁克城里。恩奇都听闻吉尔伽美什抢夺少女的贞洁，于是跟他大战了一场，两人的战斗不分胜负，后来惺惺相惜，成了好友。

美索不达米亚发现的古浮雕

两人一同去攻打杉树林怪兽洪巴巴，路上恩奇都依靠对森林的熟悉为吉尔伽美什引路。每次吉尔伽美什做噩梦后难以入眠，恩奇都都安慰他。后来他们在太阳神沙马什的帮助下打败了洪巴巴，洪巴巴希望吉尔伽美什看在恩奇都的分上饶恕自己。吉尔伽美什犹豫时，恩奇都却让吉尔伽美什斩草除根。于是求生无望的洪巴巴随即诅咒了两人。

女神伊丝塔向吉尔伽美什求爱不成反生恨意，请求她的父神安努派出代表旱灾的天之公牛为她报仇，吉尔伽美什和恩奇都一起杀死了公牛，成为乌鲁克城众人拥戴的英雄。

恩奇都受到众神的惩罚，病重而亡。吉尔伽美什悲痛欲绝，抱着恩奇都的尸体哭了七天七夜后，花费数天为恩奇都举行了国葬。对死亡的恐惧，让吉尔伽美什开始长途跋涉去寻求永生，向大洪水中唯一的生还者乌特纳比西丁询问长生的奥秘。后来吉尔伽美什在海底得到了永生之草，可是不幸被蛇偷吃了。

回来后的吉尔伽美什非常怀念好友，在神的帮助下，两人再见面了，恩奇都向他描述了死后世界的阴暗悲惨。

这就是《吉尔伽美什史诗》的大概内容。它是目前已知世界最古老的英雄史诗，虽然作品残缺了近 1/3，但还是能从剩余的 2000 多行诗中感受到苏美尔人对他们伟大英雄的崇拜和赞美。

《吉尔伽美什史诗》是两河流域的早期人类留下的文学瑰宝，塑造了一个坚忍不拔的战斗英雄。从史诗中可以看出古人力图探寻自然法则及生死奥秘的决心，还有想要掌握自己命运的理想。另外，从史诗中我们可以了解、认识古代巴比伦社会的历史和文化。该史诗还反映了军事民主制的社会面貌。

泥板上的楔形文字

1472 年，一位在古波斯（今天的伊朗）旅游的意大利人，在一些古老的、破烂不堪的寺庙墙壁上，发现了一种奇怪的文字。它们看起来像木楔，有的尖头朝上，有的尖头朝下，有的横卧着，有的斜放着。这就是楔形文字。

事件	地区	时间（年）
古希腊开始进入克里特文明时期	欧洲	前 2500
阿卡德王国建立	亚洲	前 2371
古印度开始进入哈拉巴文化时期	亚洲	前 2350

时间（年）	地区	事件
前 2160	亚洲	古埃及开始进入第一中间期，社会动荡
约前 2113	亚洲	乌尔第三王朝建立
约前 2070	亚洲	夏王朝开始

大约公元前3000年，美索不达米亚文明出现了第一个中心——苏美尔，苏美尔地区出现了12个城市国家。城市外面是农田，大部分农田被国王、祭司、富人所占有，他们把土地分开租给农民，农民需要缴纳一定的农产品给土地所有者。还有一部分平民靠当工匠、商人、渔民和牧民来谋生，他们在集市上出售自己的产品，人们用实物或者货币来购买，货币是银币。

楔形文字

为了经营中方便记账，苏美尔人把当地盛产的芦苇给削尖了，在黏土上压写字符，因为压出的笔画呈楔形，所以被称为“楔形文字”。将写好字的泥板烧干或者晒干，就成了泥板文书。为了计算牲畜的数量和测量土地，他们还发展了数学及其他的学科。他们懂得十进位制和六十进位制，并且把时间划分为时、分、秒，将圆周定为360度。

苏美尔人的天文学也很发达，他们根据月亮的圆缺，把一年共计354天分成12个月。

古巴比伦国王汉谟拉比，颁布了最具代表性的楔形文字法典——《汉谟拉比法典》。这部法典由序言、正文和结语三部分组成。正文包括282条法律，详细规定了包括刑

苏美尔人宝藏——汉谟拉比法典

事、民事、贸易、婚姻、继承、审判等的制度。《汉谟拉比法典》独立于宗教之外，用强制性规范确立了奴隶主阶段的统治秩序，有效调节了东方早期奴隶制国家的社会关系。

苏美尔文明持续了2000多年，直到公元前18世纪初，才被叙利亚草原的游牧民族所占领，后者建立了著名的巴比伦王国。至此，苏美尔文明逐渐地衰落。

克里特文明

20世纪初，英国的考古学家亚瑟·伊文思发掘出了传说中的克诺索斯王宫，出土的大量文物表明，克里特青铜文化是世界古代文明的重要中心之一。

克里特位于地中海的有利位置，岛上有着大量可以用于制造商船的木材，克里特人主要进行海上贸易，在青铜时期的交易中扮演着重要的角色。并且克里特人还进行番红花的贸易，另外还有乳香、辣椒的贸易等。

对于克里特人的语言，人们知之甚少，可能是仍未破解的线性文字A，后来由于迈锡尼文明的入侵，转用线性文字B。他们用文字来记录库存和其他事项。

克里特人饲养牛、羊、猪、山羊，种植小麦、大麦、野豌豆、鹰嘴豆，培育葡萄、无花果、橄榄以及罂粟。他们驯养了蜜蜂。他们还使用了一种用皮革包住把手的木犁，并且用驴或者阉牛拉犁。

克里特人的建筑通常为平的瓦顶房，地面是灰泥、木质或者大石板的，他们用石块和碎砾建造矮墙，用泥砖挑高，天花板上的横木支撑房顶，建筑有两三层楼高。城里的路是由用铜锯锯成的石子铺成的，并且还有排水系统。

克里特文明最重要的艺术遗存就是陶器、宫殿建筑、壁画、石雕和印章。早期的陶器制品上的纹饰采用线状的螺旋、三角、曲线、十字、鱼骨纹等；中期主要体现的是自然主

事件	地区	时间（年）
太康沉溺于游猎，有穷氏将其驱逐，史称“太康失国”	亚洲	约前21世纪
太康去世，由仲康即位	亚洲	约前21世纪

时间（年）	地区	事件
约前 21 世纪	亚洲	二里头文化开始出现
约前 2040	亚洲	古埃及开始进入中王国时期
约前 2006	亚洲	古巴比伦王国开始逐渐统一两河流域

义，比如鱼、鸟、乌贼和百合等图案；晚期则增强了花和动物的变化性。

公元前 1500 年左右，在克诺索斯以北的地区，发生了一场人类历史上极其猛烈的火山爆发，火山灰弥漫了整个地中海东部，克里特岛因为火山的爆发遭遇了灭顶之灾，全岛被火山灰淹埋，火山爆发引起的海啸再次袭击了克里特岛，使得欧洲最早的文明——米诺斯文明毁于一旦。

克诺索斯王宫

少数生还的人渡海来到希腊迈锡尼，把米诺斯的文字、艺术、技术带到了这里，逐渐发展起了又一个文明——迈锡尼文明。

印度河文明

印度河文明比美索不达米亚文明和古埃及文明稍晚，不过比它们的分布更广。印度次大陆上的城市摩亨佐-达罗是世界上目前已知的最早建立的大型古城。印度河文明包括哈拉帕和摩亨佐-达罗两个大城市（人口都在 4 万以上），以及周围 100 多个较小的城镇和村庄。

和美索不达米亚文明一样，印度河文明农业也非常发达。虽然有零星的商业出现，但是人们仍然依赖农业为生。除了种植小麦和大麦，还有豆、芥末、芝麻以及椰枣等作物，另外还栽种棉花。他们还驯养了动物，如狗、猫、瘤牛、短角牛、家禽等。他们还可能饲养过猪、骆驼、水牛、大象。不过因为地处冲积平原，所以缺乏矿产资源。他们出口珍珠、棉织品、孔雀、象牙、梳子。

摩亨佐-达罗市内有四通八达的街道，市民的住房有庭院，庭院里面都有一口井。建造房屋的砖块是烧过的，这是非常让人吃惊的，因为在其他的文明中，只有王宫和神殿才用烧过的砖块建造。并且这些住房还有完整的排水系统，这一点，即使现代的大都市都不一定能达到。二楼冲刷式厕所的水经由墙壁中的土管排到下水道，有的高楼还有倾倒垃圾的垃圾道。地下水管遍布整个城市，纵横交错，让人瞠目结舌。

整个摩亨佐-达罗没有宫殿，没有精美的工艺品，这与所有已知的文明都不同。另外还设有通往印度河至阿拉伯海的港埠，这是国内外经济活动非常频繁的表现。

这个城市在当时是非常独特的，它不是任意建造的，而是按照计划精心建造的。城市的布局呈格子形，整个建筑用砖的模子只有两个标准尺寸。

宁静的印度河

这个文明在公元前2500年达到成熟期，以后的1000多年，都处于近乎停滞的状态。

印度河文明的衰落至今还不清楚，因为人们至今无法解读印度河流域的文字。不过从摩亨佐-达罗出土的人骨中人们发现，他们都是在一种奇异的状态下死亡的。死亡的人不是埋葬在墓中，而是在居室内

事件	地区	时间（年）
亚述帝国开始建立	亚洲	约前2000
印欧人中的一支开始迁徙至伯罗奔尼撒半岛	欧洲	约前2000

时间（年）	地区	事件
约前 2000	亚洲	印欧人开始迁徙至中亚地区
约前 20 世纪	亚洲	喜克索斯人入侵埃及

发现的，并且有的遗体还成堆地倒着，有的遗体用双手盖住脸，呈现保护自己的样子。是什么样的恐怖事件令这些人瞬间死去呢？直到现在还是一个谜。

印度河文明的特殊性和神奇性，是人类历史的发展中无法取代的，它不仅是印度文化的源头，也是人类文明史的重要一环。

萨尔贡一世：天下四方之王

在阿卡德语中，“萨尔贡”意为“真正的王”。萨尔贡是个传奇的人物，传说他是个闪米特人的私生子，他的养父是个园丁。小的时候他跟随养父从事园丁工作，后来到了基什王国，成为国王身边的一名近臣。以低贱的身份获得国王的赏识，可见萨尔贡的才能肯定出众。

公元前 2371 年，乌马人侵入基什国，国王应对失误，萨尔贡趁机夺得了政权，以阿卡德城为首都建立了阿卡德王国。有了权力后的萨尔贡，组建了世界军事史上的第一支常备军，大约有 5400 人，这些人都经过了严格的挑选和训练，人人擅长搏击、射箭。

阿卡德王国时期浮雕

萨尔贡南下开始进攻苏美尔的城邦，与卢伽尔国王扎吉西展开了激战，用手中 5000 多人的军队，应战扎吉西的大军，后来俘虏了扎吉西。之后，萨尔贡率领大军继续南下，深入苏美尔腹地，先后征服了乌尔、乌鲁克、拉格什等城邦，直抵波斯湾，统一两河流域，建立起一个地区性王国，并建立了中央集权制。

阿卡德王国建立后，萨尔贡对外继续军事扩张，向东打到埃兰，向西打到现在叙利亚和土耳其东部地区，曾抵达地中海。他自称“天下四方之王”，大约死于公元前 2316 年，被后人尊称为“萨尔贡一世”。

萨尔贡注重国内建设，大力发展经济、文化、农业灌溉技术，使得两河流域的经济迅速发展。

美索不达米亚地区长期战事频发，很少出现统一的局面，不过萨尔贡实现了统一，使得闪米特人统治了苏美尔。

《乌尔纳姆法典》

《乌尔纳姆法典》是历史上最早的成文法典，是古代西亚乌尔第三王朝的创建者乌尔纳姆（乌尔第三王朝是继阿卡德王国之后，又一个统一美索不达米亚的王国）颁布的，用苏美尔文（楔形文字）书写，一共有 30—35 块泥板。不过泥板大部分损坏了，只剩下残片。

乌尔纳姆法典

阿卡德王国灭亡后，苏美尔地区由库提人统治。公元前 2120 年，渔夫出身的乌鲁克人乌图赫加尔揭

事件	地区	时间（年）
赫梯人建立赫梯帝国	亚洲	约前 19 世纪
希伯来人进入小亚细亚	亚洲	前 1800

时间（年）	地区	事件
前 1600	亚洲	商灭夏
前 1300	非洲	埃及法老拉美西斯二世将希伯来人当成奴隶

竿而起，自立为乌鲁克王，经历了残酷的战争，最后打败了库提人。乌图赫加尔占领乌尔后，让乌尔纳姆治理乌尔。

公元前 2113 年，乌图赫加尔身亡，乌尔纳姆成为乌尔的国王，开始了南征北战，最后统一了整个美索不达米亚地区，建立了中央集权王朝。

为了巩固自己的统治，乌尔纳姆制定了《乌尔纳姆法典》，以适应当时的奴隶制社会。《乌尔纳姆法典》是用来保护奴隶占有和私有制经济，用来镇压奴隶和贫民的反抗的。法典包括序言和正文共计 29 条（保存下来的只有 23 条），主要涉及政治、宗教和法律等方面。

序言中宣称，国王乌尔纳姆的统治权力是神授予的，他在人间的行为是按照神的意志，确定“正义”和“社会秩序”，并且列举了他维持正义和社会秩序时采取的措施。

在法典中确认了奴隶制，家族法允许父亲把自己的孩子卖去当奴隶，不过是用收养子的方式，收养者需要付一笔钱；法典还抑制女性的地位；后来著名的《汉谟拉比法典》就是在这个法典的基础上修订的。

耶路撒冷的陷落

大约 4000 年前，闪米特人赶着羊群在阿拉伯沙漠四处寻找牧场。大沙漠北方有一块富饶的土地，形状像一弯新月，因而被称为“肥沃月弯”。闪米特人把这里视为天堂，但每当他们赶着羊群来到此地时，都会遭到当地人攻击，因而爆发战争，闪米特人经过无数次失败后，终于占领了这块土地。

闪米特人中有一支叫作“希伯来”的部落，他们企图占领“肥沃月弯”中的一处狭长地带，即现今的巴勒斯坦，传说这是一块“流着奶和蜜的土地”。不过，这一带早已被一支名为“迦南”的部落据为己有，于是希伯来人和迦南人多年征战。由于迦南人十分英勇，

耶路撒冷

希伯来人最终以失败收场。

战败的希伯来人聚集商议今后的出路。有位老人表示，听说有一处遥远的地方，遍地羊群，土地肥沃，到过那里的人都称它为“天堂”，那个地方就是埃及。全族的人都同意老人迁居埃及的提议，因此，在族长的带领下，希伯来人离开巴勒斯坦，历尽艰辛，终于抵达尼罗河三角洲东部的草原，在当地安居了几百年。

但到公元前1300年左右，野心勃勃的埃及法老拉美西斯二世打算建造两座巨型宫殿，于是将希伯来人当成奴隶，让他们做尽苦差事。拉美西斯二世驾崩时，来自四面八方的野蛮民族和海盗趁机入侵。

此时，希伯来人的族长摩西决定带领所有的族人越过红海，逃出埃及。摩西说：“只有回到迦南，才是唯一的出路。”但大多数希伯来人却没有勇气跟强悍的迦南人战斗，摩西只好带着希伯来人到处流浪。40年后，摩西去世，约书亚接任族长。历经长期艰难生活的磨炼，希伯来人这时已成为骁勇的战士。约书亚带领族人进行无数次战斗，终于成功打败了迦南人。

约书亚死后，参孙继位。在参孙死后，希伯来人的生活变得动荡不安。当时，希伯来人分成许多小部落，其中两个较大的部落是“以色列”和“犹太”。

希伯来人长期处于群龙无首的状态，因而遭到来自地中海沿岸岛屿的腓尼基人的攻击。在希伯来人最危急的时候，有位名叫扫罗的年轻人毅然挺身而出，在战斗中表现得勇猛且机智，于是被推举为国王。

事件	地区	时间（年）
以色列王国建立	亚洲	前1000
印欧人的后代开始进入亚平宁半岛南部	欧洲	约前1000
史诗《罗摩衍那》《摩诃婆罗多》成书	亚洲	约前1000

时间（年）	地区	事件
约前 2070	亚洲	夏王朝开始
前 1600—前 1100	亚洲	迈锡尼文明迅速发展
前 1600	亚洲	商朝建立

在扫罗死后，智勇双全的大卫登上了王位。他在公元前 1000 年左右，率领族人击败腓尼基人，并攻占了一座名为“耶路撒冷”的小城。大卫将自己一手建立的国家命名为“犹太王国”，首都设在耶路撒冷。大卫死后，其子所罗门继承王位。所罗门是一位很有智慧的国王，在位期间，是犹太人历史上最繁荣的时期。所罗门下令修建多座宫殿和神殿，其中又以坐落在耶路撒冷山上的宫殿和犹太教圣殿最为宏伟，这座圣殿日后成为犹太民族的象征。

公元前 586 年，犹太王国亡于新巴比伦王国之手，耶路撒冷全城的犹太人都沦为俘虏，史称“巴比伦之囚”。60 年后，波斯人征服新巴比伦王国，被囚禁在巴比伦的犹太人才得以回到耶路撒冷。公元 66 年，罗马总督提图斯企图掠夺耶路撒冷神殿和宫殿里的宝物，犹太人奋起抵抗了 4 年，耶路撒冷仍然被攻陷，耶路撒冷城里的犹太人遭到大屠杀，另外还有 10 万名犹太人被变卖为奴隶。犹太人从此离开了耶路撒冷，直到第二次世界大战结束前，犹太民族一直散居各处。

夏灭商兴

公元前 2000 多年，洪水泛滥中原大地。夏禹总结其父亲治水的失败教训，不在岸边设置河堤拦截洪水，而是采用疏导的方法，利用水往低处流的自然趋势，从而疏通了九河。

禹在治水期间，翻山越岭，蹚河过川，用测量工具一路测量地形，规划水道，风餐露宿，曾经三过家门而不入。历经 13 年，禹终于取得了成功，治理了肆虐中原多年的洪灾，从而受到人民的爱戴，人们尊称他为“大禹”，意思是“伟大的禹”。因为禹治理黄河有功，舜把帝位禅让给了大禹。禹重新将天下分为九州，并制定了各州上交贡品的品种。

夏禹结束了禅让制，建立了世袭制，从此“公天下”变成了“家天下”。他结束了中

当代雕塑——大禹

国原始社会部落联盟的社会组织形态。

后来夏朝的最后一位国君桀（履癸）非常残暴，百姓不堪忍受，纷纷起来反抗。与此同时，东方的商族在商汤的领导下逐渐强盛起来，慢慢有了消灭夏的实力。后来商汤起兵灭了夏。灭夏以后，汤回师亳邑，正式建立了中国历史上第二个奴隶制王朝——商。

根据文献记载可以知道，商朝建立了较完备的国家机构，有各种官职、常备的武装，还有典章制度、刑罚法律。

商朝的建立大大促进了生产力的发展。商朝的农业、畜牧业、养殖业都迅速发展起来，出现了黍、稷、稻、麦等粮食作物和桑、麻等经济作物。

商代青铜器的代表——后母戊鼎

商朝的手工业也发展很快，青铜器的冶炼和制造技术都已经非常成熟，有十分精美的礼器、酒器，著名的有后母戊大方鼎。当时的手工业分工细、规模大、产量高、种类多、工艺水平高。商朝人还发明了原始的瓷器，白陶洁白细腻；玉石器也造型逼真，雕刻精细；丝织物有平纹的纨，绞纱组织的纱罗，千纹绉纱的縠，并且还掌握了提花技术。

商朝出现了甲骨文，这是汉字的早期形式，是中国最古老的一种成熟文字。

事　件	地　区	时间（年）
甲骨文出现	亚洲	约前 1600
赫梯人发明冶铁术	亚洲	约前 1400
商王盘庚迁都殷	亚洲	约前 1300

时间（年）	地区	事件
前 1500	亚洲	古印度文明进入吠陀时代
前 1500	欧洲	腓尼基人创造出腓尼基文字
前 1500	亚洲	波斯文明形成
前 1379—前 1362	非洲	埃赫那吞宗教改革

阿蒙霍特普四世的改革

阿蒙霍特普四世是古埃及第十八王朝的法老，他的真名是以太阳神拉的儿子名义取的，叫阿蒙霍特普，意思是“阿蒙的仆人”，阿蒙后来是整个埃及主神底比斯的名字。

埃及浮雕中的太阳神拉

阿蒙霍特普四世登上王位后，就表现出对另一位神——阿顿的崇拜，宣布阿顿将取代以往的一切神灵，成为终极创造者和光明的主神，这是埃及历史上一场非常有意义的宗教改革。当然这个提议一出，就遭到了很多人的反对，为了与底比斯的阿蒙祭司做斗争，彻底摆脱阿蒙祭司，他不惜将都城由底比斯迁到新城埃赫塔顿。为了表达与阿蒙的决裂，他改变了自己的名字。新的名字是“埃赫那顿”，字面意思为“阿顿的仆人”或“阿顿光辉的灵魂”。

以长头颅为艺术特点的阿马尔奈雕塑

他对新城的神殿进行了重新装点，营造出阳光普照的画面，对所有的信徒都开放。他用写实主义代替传统的艺术形式。

因为阿蒙霍特普四世对宗教事务的过度关心，没有时间管理埃及国内的事情，导致埃及国力明显衰退，在国外的影响力也不断降低，为王国引来了大麻烦。

阿蒙霍特普四世创造了已知世界中第一种神教。由于他的改革，这一时期的埃及艺术呈现出一种取法自然的新风格，常被称为阿马尔奈风格。

《荷马史诗》

《荷马史诗》是迈锡尼文明的延续，其故事的发生地是特洛伊城。特洛伊位于小亚细亚赫勒斯滂海峡（达达尼尔海峡）的入口处（今土耳其境内），处于交通要道。它的经济繁荣，商业非常发达，人民生活富足，是地中海沿岸最富有的地区。这样的繁荣之地引起了亚细亚各国的垂涎，于是他们便发动了战争。这就是著名的特洛伊战争，也是《荷马史诗》的主题。

在特洛伊战争结束后，希腊的一些民间艺人就把战争中的英雄事迹和胜利的过程编成诗歌吟唱，口口相传。这些诗歌历经了几个世纪的不断修改，最后被希腊盲诗人荷马删订为两册，从而定型。直到6世纪中叶，才被用文字记录下来，两册共24卷，《伊利亚特》共计15693行，《奥德赛》共计12110行。

迈锡尼时期的浮雕

其中，《伊利亚特》主要讲述了战争最后51天的故事。联军统帅阿伽门农围攻特洛伊城十年也未攻破，长久的战争让矛盾不断激化。最勇敢的猛士阿喀琉斯拒绝再为联军出战，所以联军节节败退。后来阿喀琉斯的密友战死，为

事件	地区	时间（年）
多利安人自希腊北部南下	欧洲	前1200
爱琴文明中开始传入和使用铁器	欧洲	前1150
以色列人陷入动荡	亚洲	约前1150

时间(年)	地区	事件
前11世纪一前9世纪	欧洲	《伊利亚特》和《奥德赛》诞生，这一时代被称为“荷马时代”
约前1100年	亚洲	雅利安人开始向东迁移至恒河流域
前1046	亚洲	周灭商

了报仇，猛士重新出战，杀死了赫克托尔。伊利昂的老国王普里阿摩斯到阿喀琉斯的营帐去赎取赫克托尔的尸首，暂时休战，故事到这里结束。

《奥德赛》讲述了国王奥德修斯攻陷特洛伊后，归国途中漂泊十年的故事。故事集中描写了最后一年发生的事情。归途中，因为他们触犯了海神，风浪掀翻了船队，很多人葬身大海。奥德修斯战胜了海妖和巨浪，拒绝了女巫的求爱，历尽艰辛，终于回到了故乡。然后他扮作乞丐，与儿子齐心协力，杀死了那些在他家中为非作歹的坏人，重新获得了伊萨卡的王位。

《荷马史诗》创作的原始素材，都是长久以来累积的神话传说和英雄故事，保存了远古文化的真实、自然的特点。《荷马史诗》是欧洲文学史上最早的优秀文学巨作，是古希腊艺术史上的瑰宝，对后世文学的发展有着深远的影响。

史诗的主旋律是歌颂人类的英雄，赞美人的智慧，嘲笑神的邪恶，赞美、歌颂人间，同时也描写了战争的残酷，隐约表达对战争的谴责。

恩格斯说：“荷马的史诗以及全部神话——这就是希腊人由野蛮时代带入文明时代的主要遗产。”

美洲大陆的玛雅文明

中美洲的玛雅人是一个特别的人种。他们的语言自成一体，脸形轮廓很独特，前额倾斜、鹰钩鼻、厚嘴唇。他们生活在美洲这片沼泽低洼、人迹罕至的热带雨林中，与亚、非、欧古代文明相隔绝，但是他们却独立地创造了让人难以想象的辉煌文明，如平顶金字塔祭坛、浮雕、石碑等众多杰出的建筑物。

玛雅文明属于石器文明，没有使用青铜器或者铁器，他们掌握高超的建造技术，在没

玛雅文明遗址

有金属工具和运输工具的情况下，他们仅凭原始生产工具，建造了很多石砌的金字塔，这些建造金字塔的规整石块是怎么制造出来的，至今无人知晓。

玛雅人还用石块建造了许多宏伟的殿堂、庙宇。在尤卡坦和危地马拉的热带丛林中残存的玛雅遗址中，可以看到断垣残壁上鲜艳的色彩和美丽的图案。博南帕克遗址中的壁画，画中人物千姿百态，栩栩如生，是当今世界有名的壁画艺术宝藏之一。

玛雅人还创造了一套精巧的数学，来适应他们按年记事的需要，以决定播种和收获的时间。为了充分利用贫瘠的土地，他们对雨水最多的时间准确地加以计算。在古代原始民族中，他们所掌握的数学知识，高明得令人吃惊，他们熟悉“0”的概念，这比阿拉伯人早 1000 年等。凡此种种，使得玛雅文化也成为世界文明史上的奇葩。

玛雅人把一年定为 365 天，一年分为 18 个月，每月 20 天，剩下 5 天作为禁忌日。历法的精确度远高于欧洲的格里高利历。玛雅人运用“太阴计算法”推算出来的金星年份 1000 多年也不差 1 天，比当时世界上的任何一部历法都准确。

玛雅的城市有很多，据统计在公元后的 8 个世纪中，各个不同的玛雅部落前后共建立了 100 多个城市，其中比较有名是帕伦克、科潘等。不过让人费解的是，公元 900 年，玛雅人放弃了高度发达的文明，大举迁移至深山老林。他们创建的每个中心城市都终止建设，城市被完全放弃，繁华的大城市变得荒芜。玛雅文明一夜之间消失于美洲的热带

事　件	地　区	时间（年）
玛雅文明进入前古典时期	美洲	约前 1000
意大利地区进入铁器时代	欧洲	约前 1000
吕底亚王国建立	亚洲	前 1000

时间（年）	地区	事件
前 976	亚洲	周穆王即位，开始四处征伐
前 961	亚洲	以色列王国第一圣殿开始建造

丛林中。

玛雅人培育了玉米、西红柿、辣椒、可可、香兰草和烟草等新品种，他们以玉米为主食。

玛雅人创造了一种象形文字，这是美洲大陆上唯一产生的文字。它非常奇妙，既有象形，也有会意，还有形声，兼具意形和意音功能。而且，玛雅人也发明了纸。

玛雅历法

到 11 世纪后期，玛雅文明虽然部分复兴，但是已不及往日的辉煌。随着欧洲人的海外扩张，玛雅文明最后被西班牙殖民者彻底摧毁。1697 年，最后一个玛雅城邦在西班牙人的炮火中灰飞烟灭。

奥林匹斯山上的奥林匹克

坐落在希腊北部的奥林匹斯山，是一座神圣雄伟的高山。传说中每天当太阳从东方升起，阳光首先照到这座山的山顶，当太阳落下月亮升起，山顶又洒满了银色的月光。冬天山峰白雪皑皑，夏天山谷绿树成荫。山顶总是风和日丽，花香扑鼻。

在这个山顶，住着一些大神，他们在奥林匹斯山上建造自己的宫殿，然后就在这里治理着世界。众神之王，主宰天下万物的宙斯也居住在这里。为了表达对宙斯的敬仰，希腊人在奥林匹亚地区举行盛大的祭祀活动。他们向神献上牛羊，载歌载舞，举行宴会，同时

油画《被缚的普罗米修斯》

还要进行短跑竞赛，后来又逐渐增加了摔跤、掷铁饼、投标枪、赛马等项目。传说宙斯摔跤赢了他的父亲克洛诺斯，阿波罗在拳击上打败了阿里斯，并且在赛跑中赢了赫米斯……

神话中，古希腊有一位叫普罗米修斯的神，看到人间没有火，而宙斯又把火种看得特别紧，不让把火种交给人间。于是普罗米修斯就偷偷把圣火带到人间。后来，每届的奥林匹克运动会都要到奥林匹亚那里取圣火，以此来祭拜给了人间圣火的普罗米修斯。

公元前 776 年，古希腊举行了第一届奥林匹克竞技大会，以后每四年举行一次，这就是后来的奥林匹克运动会。现在，奥林匹亚小镇的山脚已经被绿草覆盖，当年跑道已经看不出痕迹。不过仔细寻找还能看到 2700 年前一条门槛般的起跑线。

在古希腊人的生活中，奥林匹克运动会是一件神圣的事情。如果有人在运动会上作弊，会被立即逐出会场；比赛期间是全国的节日，哪怕正好遇到战争，双方都会暂停战斗，等到奥运会结束后再重新开战。

奥林匹克运动会对希腊人的生活产生了巨大的影响，增进了各个城邦的贸易和交流。并且希腊人把首次运动会的那一年——公元前 776 年，作为希腊纪元的开始。从公元前 776 年开始，直到公元 394 年罗马帝国皇帝狄奥多西禁止了比赛，共计举行了 293 次后运动会被迫停止。

事件	地区	时间（年）
两河流域开始进入铁器时代	亚洲	约前 950
犹太王国建立	亚洲	前 931
亚述帝国国王纳西尔帕二世即位	亚洲	前 883

时间（年）	地区	事件
约前 9 世纪	欧洲	希腊神话逐渐形成
前 841	亚洲	中国历史开始有确切纪年
前 814	亚洲	腓尼基人建立迦太基殖民地

1896 年，在法国人顾拜旦的提议和努力下，奥林匹克运动会在雅典开始重新举办，4 年举办一次。奥林匹克运动会现在已经成为全世界的体育盛事。

百家争鸣

春秋战国时期，随着铁器农耕的推广，生产力得到了很大的提高，农业区域很快扩展到了长江流域，工业和贸易得到发展。周王朝衰落，诸侯争霸，为了壮大自己的实力，各诸侯国开始招贤纳士，使得原本没有资格参与政治的部分知识分子，也能发表治国的见解。

面对各种社会问题，还有人生问题，一些有思想的知识分子，开始提出自己的见解和方法。各种学说、思想纷纷涌现，各个学派开始著书立说，热烈争辩，阐述各自的思想和政治主张，于是形成了中国历史上思想和文化极为辉煌灿烂的时期。

诸子百家中最为有名的是法家、道家、墨家、儒家、阴阳家、名家、杂家、农家、小说家、纵横家、兵家及医家等，形成了百家争鸣的辉煌局面。

孔子像

儒家学派的代表人物是孔子、孟子、荀子，代表作品是《论语》《孟子》《荀子》。孔子崇尚“礼乐”和“仁义”，提倡“忠恕”和“中庸”之道，主张“德治”和“仁政”，重视道德伦理教育和人的自身修养。战国中期孟子成为儒家的代表人物，孟子主张“仁政”，提出“民为贵，社稷次之，君为轻”，其伦理观是“性本善”。战国后期儒家的代表人物是荀子，他主张“仁义”和“王道”，“以德服人”，并且提出了“君者，舟也，庶人者，水也。水则载舟，水则覆舟”的理论。

道家学派的代表人物是老子，他以“道”说明宇宙万物的本质、本源、构成和变化。道家认为天道无为，万物自然化生，否认上帝鬼神主宰一切，主张道法自然，顺其自然，提倡清静无为，以柔克刚。政治提倡“无为而治”“顺应自然”。

墨家的代表人物是墨子，墨家以“兼相爱，交相利”作为学说的基础。“天下兼相爱”，就可达到“交相利”的目的。政治上主张尚贤、尚同和非攻；经济上主张强本节用；思想上提出尊天事鬼。同时，墨子又提出“非命”的主张，强调靠自身的强力从事。

百家争鸣是中国历史上第一次大规模的思想解放运动，推动了中国历史的发展。百家争鸣是中国学术文化思想发展史上的里程碑，奠定了中国传统文化的体系，促进了思想文化的发展。

斯巴达国家形成

在希腊半岛南部的拉哥尼亚平原上，欧洛塔斯河的西岸，有一个以军事纪律严明而闻名的地方——斯巴达城。为了保证独裁统治，斯巴达整个社会过着军事化的生活，孩子从小就接受军事训练。为了防止内部贫富分化，除了参军，斯巴达人不许从事工商业等其他生计，他们崇尚的是武力。

男孩 7 岁以后，就会被编入军队，过着集体的军事生活。从小他们就被要求对首领绝对服从，要求锻炼勇气、体力、残酷性，为此他们练习跑步、拳击、击剑和格斗技巧。为了增加孩子们的服从性和忍耐性，每年节日敬神时，他们都被皮鞭鞭打一次，不许出声，不许求饶，不许喊叫。

女孩在 7 岁后，虽然可以待在家里，但是也得锻炼体能，练习跑步、竞走、搏斗等。

事件	地区	时间（年）
恒河流域建立第一批大城市	亚洲	约前 8 世纪
秦初设史官记事	亚洲	前 753
罗马建城	欧洲	前 753

时间（年）	地区	事件
前 722	亚洲	史书《春秋》记事始
约前 700	欧洲	马其顿王国建立
约前 700	亚洲	新亚述帝国修建尼尼微饮水渠

因为他们认为，只有强壮的母亲才能生出强壮的孩子。斯巴达的妇女在送儿子上战场时，居然要求：不是光荣凯旋，就是光荣战死。斯巴达的儿童在小时，就被灌输“斯巴达人十分高贵”这一观念。

男孩等到 20 岁后成为正式的军人；30 岁结婚，但还得每天参加军事训练；60 岁后退休，但是仍然作为后备军人。

斯巴达人轻视文化教育、文学艺术、自然科学。在斯巴达城里看不到宏伟的建筑物，没有一件精美的艺术品流传下来。他们实行“二王制”，只有在打仗时，国王才有无限的权力，平时一切重大问题由 30 人的长老会议决定。一切有关城邦的重大事务，都由长老会议定夺，由 5 个执政官跟国王一起处理政务。

斯巴达人的暴虐统治，引起了各个城邦的不满和反抗，公民内部贫富差距逐渐扩大，“平等者公社”不断瓦解，由公民组成兵实力也越来越弱。公元前 192 年，斯巴达僭主纳比斯被杀，斯巴达沦为罗马共和国的领土，从此失去了独立。公元 396 年，斯巴达城为哥特人所毁。

永恒之城

从公元前 753 年古罗马建立，到公元 476 年西罗马帝国灭亡，千年的时光，罗马城还是固若磐石，始终立于不败之地，因而被罗马人骄傲地称为永恒之城。有关罗马城的起源有个美丽的传说。

据说，古代特洛伊被攻陷后，希腊神话中特洛伊城的英雄、美神阿佛洛狄忒的儿子埃尼阿斯逃到了意大利东海岸，并且在这里定居下来。后来埃尼阿斯的儿子在拉丁姆区建立了亚尔巴龙伽城，世代为王。

罗马的标志——狼喂养的小孩

王位传到努米托尔时，被他的弟弟阿穆留斯篡夺。阿穆留斯为了防止哥哥的后代找他报仇，残忍地杀死了他的侄子，并且强迫他的侄女做女祭司，因为祭司是不能结婚的。阿穆留斯认为这样就不会有人向他报仇了。

可是事情并没有像阿穆留斯想的那样，他的侄女与战神玛尔斯坠入爱河，并且生下了一对孪生兄弟。听到消息的阿穆留斯马上派人杀死他的侄女，并且让女奴把两个婴儿扔到河里。女奴把两个孩子放到篮子里，正好台伯河河水泛滥，她不敢靠近，把篮子放到河边就离开了。一只母狼听闻婴儿的哭声来到河边，把他们带回山洞，用自己的乳汁抚养他们。

一个牧羊人发现了孩子，把他们带回了家，精心抚养，还给孩子取了名字，一个叫罗慕洛，一个叫勒莫。两兄弟得知自己的身世，决心为自己的母亲和舅父报仇。后来两兄弟一起带领亚尔巴龙伽城人民发动起义，杀死了残暴的阿穆留斯，又找到隐居乡间的外公，把政权还给了他。

报完仇后，两兄弟决定来到曾经遇救的台伯河畔建立一座新城。新城建好后，罗慕洛和勒莫为用谁的名字来命名新城发生了激烈的争吵。罗慕洛在愤怒之下失手杀死了弟弟，然后用自己的名字命名了这座城市，成为新城的统治者。罗马人把这一年当作自己的纪元。

罗马古城南北长约6200米，宽约3500米，城墙根据山坡和河流的曲折起伏而建，整体呈不规则状，像一头蹲伏的雄狮。

事件	地区	时间（年）
拉丁字母逐渐产生	欧洲	约前8世纪
米底王国建立	亚洲	约前700
齐国开始任用管仲为相，进行改革	亚洲	前685

时间（年）	地区	事件
前 683	亚洲	雅典废除王政
前 679	亚洲	齐桓公霸业开始
前 671	亚洲	亚述人征服埃及

城内有的大街用青石板铺设而成，呈现“井”字形，有规则地纵横交错。两旁的人行道比路面高出 20 厘米，用来保证行人的通行安全。且街道还设置有引水渠，暗置排水沟。在玛利纳城门的入口处，还设置了不同的拱门，体现了当时先进的城市交通分流的理念。

公元 476 年，日耳曼人首领奥多亚克废黜西罗马帝国皇帝罗慕路斯·奥古斯都，罗马帝国宣告灭亡。在这千年间，罗马古城一直是世界最大的都城，繁荣时人口超过百万。

新巴比伦王国

迦勒底人是闪米特人的一支，公元前 626 年，亚述人派迦勒底人的领袖那波帕拉萨尔率军驻守巴比伦。那波帕拉萨尔趁亚述内乱时发动起义，建立了新巴比伦王国。

此时巴比伦尼亚的一些大城市，如尼普尔、乌鲁克等有强烈的亲亚述倾向，那波帕拉萨尔在积蓄力量，准备在合适的时机夺城。公元前 616 年，乌鲁克终于被攻克，又过了一年，尼普尔也随之被攻克，至此新巴比伦王国统治了整个巴比伦尼亚。

荒漠中的巴比伦遗迹

面对强大的亚述帝国，新巴比伦王国联合伊朗高原的米底王国，共同对抗。公元前 612 年，联军攻入亚述首都尼尼微，亚述帝国灭亡。新巴比伦王国获得了亚述帝国西半壁江山：两河流域南部、叙利亚、巴勒斯坦及腓尼基，再次扩大了自己的版图。

终于在公元前 607 年，年迈的那波帕拉萨尔，把军权交给了自己的儿子尼布甲尼撒二世。当时为了与埃及争夺亚述帝国，新巴比伦王国再次与米底联盟。为了巩固二者的联盟，尼布甲尼撒二世还娶了米底的公主。公元前 604 年，老国王去世，尼布甲尼撒二世继承了王位。

尼布甲尼撒二世统治时期，新巴比伦王国处于极盛时期，在对外征战时，也发展国内的经济。为了能在干旱的时候也有水，他在尼普尔附近修建了一个巨大的水池。那时奴隶制度又发展到一个新的阶段，奴隶可以代主人去经商，可以租种主人或别人的土地。

尼布甲尼撒二世为了安慰思乡成疾的王妃，于是仿照王妃在山上的故乡，建立了世界七大奇迹之一的“空中花园”。“空中花园”最让人称奇的地方就是它的供水系统。

公元前 562 年，尼布甲尼撒二世逝世，新巴比伦王国的形势急转直下，5 年内换了 3 个国王。公元前 539 年，波斯居鲁士二世攻陷巴比伦尼亚，新巴比伦王国灭亡。

新巴比伦王国存在的时间虽然不足百年，但是它存在的时期却是两河流域历史上奴隶制经济最繁荣的时期。

提修斯改革与来库古改革

雅典位于中希腊东南部的阿提卡半岛，有平原，适合农业；有大理石、银、陶土等矿藏，为手工业发展提供了原料；还有曲折漫长的海岸线，有港湾，海上交通非常便捷。雅典为工商业的发展提供了良好的环境。

传说中，年轻的英雄提修斯登上了雅典的王位。登上王位后提修斯便开始实施一系列

事件	地区	时间(年)
埃及进入第 26 王朝，逐渐走向衰落	亚洲	前 664
晋献公去世，公子重耳出逃	亚洲	前 651
管仲去世，齐国开始衰落	亚洲	前 645

时间（年）	地　区	事　件
前 638	欧洲	政治家梭伦出生
前 636	亚洲	重耳即位，是为晋文公
前 632	亚洲	城濮之战爆发，晋军获胜

的改革。他把居民分为贵族、农民和手工业者三个等级，承认了社会分工，规定只有贵族才能担任官员，标志着贵族政治的确立。提修斯是传说中古代雅典统一国家的缔造者。

他制定了雅典第一部宪法，废除了各邦的议事会和行政机构，重新以雅典城为中心设立了中心议事会和行政机构，从而实现了阿提卡的统一。

他废弃了君王政治，建立了共和制。他把氏族部落管理机构变成了贵族控制的国家机构。这标志着雅典国家形态的萌芽。

公元前 9 世纪，具有传奇色彩的来库古为斯巴达建立了一系列独特的法律和政治制度。来库古要求斯巴达人应该具备道德和健康，养成任劳任怨、勇敢善战、忠心为国的风尚。这套制度在很长时期，保证了斯巴达的军事优势和实力，用制度建构了一种严正和艰苦的生活方式，吸引了很多的人，包括后世之人。

他改革的内容主要分为三个方面：

第一就是构建由 28 名元老和 2 名国王组成的元老院。由于元老院同国王们在最重要的事务上具有同等的表决权，为国家大事的协商带来了稳定和应有的节制。开始时，元老院的议员是来库古从跟他一起实施变法的人中间挑选的，后来规定因死亡空出的位置，均需从年龄超过 60 岁的长者中挑选填补。

第二就是重新分配土地，并且还对斯巴达人的流动财产进行了分配。他取消了所有的金银货币，只准使用价值小的铁币。因为这些铁币既没有收藏价值，也不能带来任何利益，于是许多罪恶都从斯巴达消失了。

第三就是设立公共食堂。在这样的制度下，人们通常都是结伴去食堂进餐，吃同样的食物，饮同样的水，而不是在华丽的餐桌前，让仆人和厨子伺候自己。这进一步打击了奢侈的风尚，铲除了人们致富的欲念。

来库古的这些改革，除了在政治上带来节制和稳定，还从根本上消除了贫富不均。斯巴达的国家制度是氏族制度与强固的国家现实生活相结合的产物。凭借来库古的改革，斯巴达成为希腊诸城邦中颇有影响的一个。

梭伦改革

梭伦是古希腊时期雅典城著名的改革家、政治家、诗人，是古希腊七贤之一。公元前638年，梭伦出生于一个没落的贵族之家。年轻时，他一边经商，一边到各地游历，考察社会风情。在经商游历中，他了解了下层平民的疾苦。这段经历，对他以后的改革事业有着深远的影响。

在雅典的中心广场，他不断地用双手捶打自己的胸部，做出疯狂的举动，用自己激越的诗歌，激起了雅典人的爱国热情和民族尊严。终于，在公元前600年左右，梭伦被任命为指挥官，统率部队，一举夺回了萨拉米斯岛。卓越的战功使得梭伦名声大增，成为雅典最富名气和影响力的人物。

纪念改革家梭伦的钱币

公元前594年，梭伦当选为雅典城邦的首席执政官，随后他开始了一系列有关经济、政治和社会的改革。新上任时，梭伦就宣布了一条法律——“解负令”。

这项法律宣布：由于欠债而卖身为奴的公民，一律释放；所有债契全部废除，被抵掉的土地归还原主，因欠债而被卖到外邦做奴隶的公民，由

事件	地区	时间（年）
琐罗亚斯德教创始人琐罗亚斯德出生	亚洲	约前628
梭伦改革开始	欧洲	前594
哲学家赫拉克利特出生	欧洲	前592

时间（年）	地区	事件
前590	亚洲	居鲁士出生
前550	亚洲	居鲁士征服米底王国
前546	亚洲	居鲁士消灭吕底亚

城邦拨款赎回。并且声明："此法律的有效期为一百年。"这项改革，让广大平民摆脱了沦为奴隶的命运。

他还实行了一系列有利于工商业发展的政策和措施，扩大橄榄油出口，实行货币改革，奖励外地工匠移民雅典，提倡公民学习手工业技术，改革度量衡等。

他废除了世袭贵族的垄断权利，不再以出身来划分等级，而是以财产数量的多少分为四个等级。不同的等级所担负的义务也不同。除了第四等级外，其他所有公民均可参选"四百人会议"。

这个新法取代了原来严酷的德拉古律法，为整个雅典的法典添加了人道色彩。

梭伦的改革对贵族的统治进行了打击，使得贫民摆脱了债务奴役的威胁，巩固了城邦统治。并且也发展了民族政治，又使工商奴隶主地位得到了提高，让奴隶制度走向繁荣。

梭伦改革是雅典城邦历史发展中的重要里程碑，是雅典民主政治的基础。它调整了不同阶层之间的利益关系，使普通公民在经济、政治和社会上的地位得以保证。

梭伦改革是雅典城邦，甚至是整个希腊文明历史上最重要的社会政治改革之一，使得雅典很快成为古希腊最繁华的工商业城市，为雅典城的振兴和富强开辟了道路。

波斯人的崛起

公元前7世纪的伊朗高原上，居住着两个伊朗语部落群体——米底和波斯。公元前612年，米底联合巴比伦打败了亚述帝国，成为西亚最强大的帝国之一，波斯就是他们的臣属。

米底国王阿斯提阿格斯突然间做了一个噩梦，梦见已经嫁给波斯首领的女儿，将生出一个夺取自己王位，灭亡自己国家的霸主。于是国王为了以防万一，决定外孙一出生就将

居鲁士大帝画像

其处死。

这个还没出生便已经被判处死刑的婴儿，就是居鲁士大帝。不过可能冥冥之中真的有天意，这个婴儿不仅意外地存活下来，还在公元559年成为波斯人的首领，统一了波斯的10个部落。

公元前553年，居鲁士开始起义反抗米底，在大臣的帮助下，他凭借卓越的军事才能，用了3年的时间，终于攻克了米底的都城，于公元前550年正式建立起波斯帝国。

作为波斯帝国西部的邻居，吕底亚的国王克洛伊索斯，看到居鲁士日益强大起来，心里充满了担心，于是想趁波斯的根基未稳之际，出兵灭掉它。公元前547年，克洛伊索斯出兵攻打波斯。激战开始，居鲁士运筹帷幄，击败了克洛伊索斯，迫使他们逃到了萨迪斯城。波斯人乘胜追击，攻入萨迪斯，吕底亚王国灭亡。

至此，西亚三大强国只剩下新巴比伦王国，不过居鲁士并没有急于攻打新巴比伦王国，他一边征服东伊朗和中亚地区，一边等待机会。终于在公元前539年，新巴比伦王国开始出现内乱，居鲁士借机出兵攻入巴比伦城。

巩固了西线之后，居鲁士开始对付东北方的游牧民。公元前530年，他出兵征讨由女王托米丽司统率的马萨格泰人。一场激战过后，一代枭雄居鲁士被俘并遭杀害。

居鲁士的遗体被安葬在故都帕萨尔加德（位于今伊朗法尔斯省），他赢得了世人永久的尊敬。200年后，消灭波斯帝国的亚历山大大帝不仅没有毁坏他的陵墓，还下令加以修葺。2000多年来，居鲁士陵墓依然屹立不倒，在陵墓旁的一根柱子上，一段铭文至今

事件	地区	时间（年）
居鲁士征服巴比伦	亚洲	前538
居鲁士在东征过程中阵亡	亚洲	前530
波斯人征服埃及，建立了埃及第27王朝	非洲	前525—前405

时间（年）	地区	事件
前 494	亚洲	吴越争霸中越军战败，向吴国称臣

仍清晰可见："我是居鲁士王，阿黑门尼德宗室。"

居鲁士大帝以宽容治国的理念被永久地写入了历史，在他的治理下，波斯帝国幅员辽阔，一片繁荣。他击败了企图谋害自己的外祖父。最终，他让外祖父和自己住在一起，颐养天年。

他打败了和波斯世代结仇的米底王国，但仍把米底国王当作一个帝王对待，对国王的忠告言听计从。他征服了新巴比伦王国，写信告诫军队不许扰民，尊重当地的风俗习惯、宗教信仰。

第二章　奴隶制兴盛

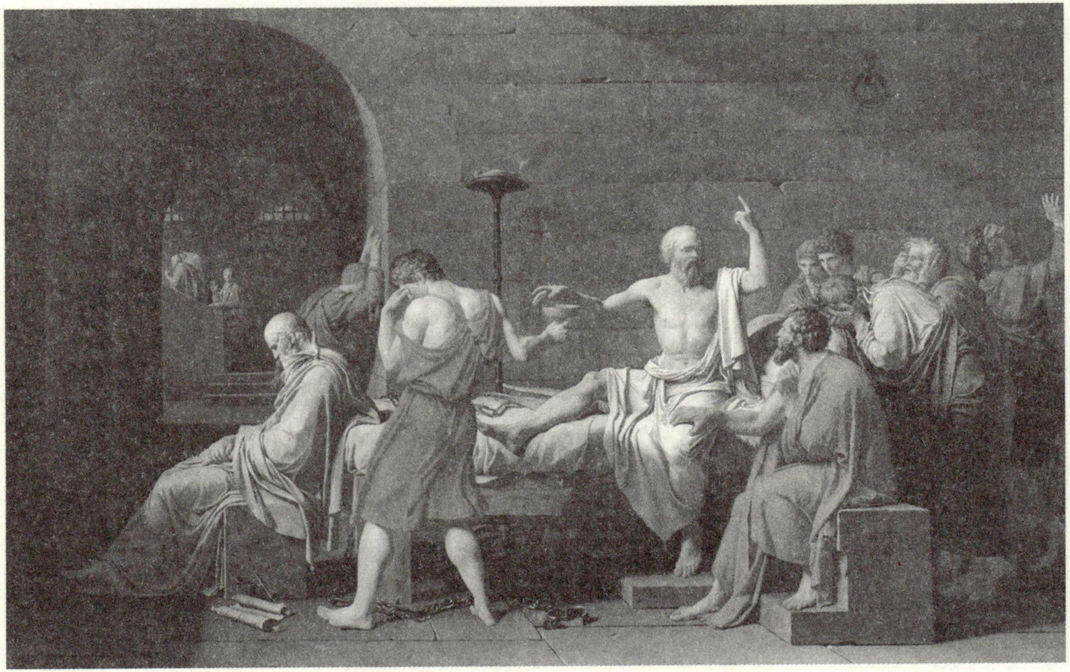

希波战争

由居鲁士大帝一手缔造的奴隶制国家波斯帝国，到了大流士一世统治的时期，已经成为世界古代史上第一个横跨欧、亚、非三大洲的强大帝国。

强大的波斯帝国，一直找各种借口向希腊城邦宣战。为了捍卫自己的主权，公元前500年，以米利都为首，希腊城邦开始了各种抵抗波斯的活动。虽然有雅典和埃维厄两个城邦的帮助，但公元前494年，波斯大军依然摧毁了米利都城。

公元前492年，波斯王第一次远征希腊，不过在海上其舰船遭遇飓风大部覆灭，被迫撤退。公元前490年，波斯王第二次远征希腊，大军攻占并破坏了埃雷特里亚城，最后在距雅典东北约40公里的马拉松平原登陆。

雅典动员雅典公民赴马拉松应战。虽然波斯人是雅典军队的两倍，但是希腊士兵凭借有利的地形，最后逼得波斯大军只能撤退。

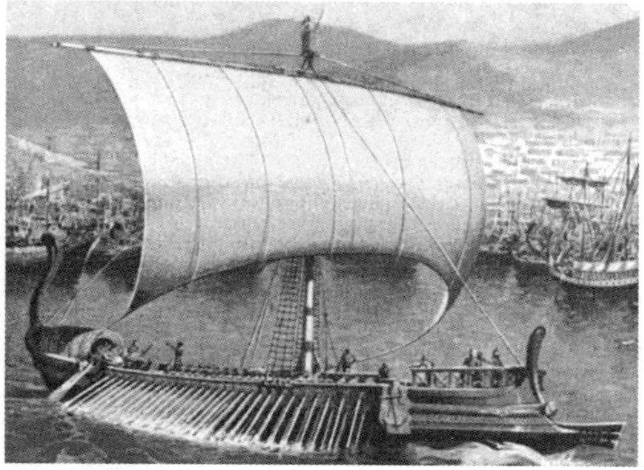

古希腊战舰

在马拉松大战获胜后，雅典一方派斐迪辟跑回家乡传信，因为急速跑了42.195公里，把喜讯送到后便倒地身亡了，为了纪念这一事件，在第一届奥林匹克运动会上，设立了马拉松长跑这个项目。

此后10年，双方紧张备战。公元前480年，波斯王薛西斯一世亲率大军再度攻打希腊。波斯这次的战略是“长驱直入，步步推进”。面对波斯大军的再度压境，全希腊各

事件	地区	时间（年）
波斯第一次远征希腊，希波战争爆发	欧洲	前492
波斯第二次远征希腊，马拉松之战爆发	欧洲	前490
波斯第三次远征希腊	欧洲	前480
希波战争结束	欧洲	前449

时间（年）	地　区	事　件
约前 484	欧洲	历史学家希罗多德出生
前 478	欧洲	雅典开始组建提洛同盟
前 462	欧洲	伯里克利改革开始

城邦都心有惧意，于是他们结成联盟，共同对抗波斯，斯巴达也参加了战斗。

在波斯大军到达温泉关后，斯巴达王李奥尼达以本部精兵及其他城邦的援军共 7000 人防守希腊的第一道防线——温泉关。最后因为希腊的一个叛徒，导致斯巴达全军覆没，但是波斯军也损失惨重。温泉关战役是以少战多的经典案例，英勇的事迹流传后世。

波斯人越过温泉关后，长驱直入，快速占领了雅典城。在波斯军队到达雅典前，雅典居民已经撤到萨拉米斯岛上。当时提米斯托克利巧用计谋，把波斯的巨舰引诱到了狭窄的萨拉米斯海峡，力战 8 小时击溃波斯军队，波斯海军损失惨重，使得他们只能撤退。

后来波斯王再次进攻希腊，希腊几方联军，击毙了波斯大将，使得波斯的第三次远征以失败告终。公元前 449 年，希腊海军重创波斯军，迫使波斯签订了《卡里阿斯和约》，至此，希波战争宣告结束。

希波战争持续了近半个世纪，以希腊获胜而告终。

伯里克利改革

伯里克利出身于雅典的名门贵族，其父亲是米卡列海战雅典舰队的司令官，母亲是雅典民主政治的奠基人克利斯提尼的侄女。伯里克利曾经跟当代智者哲人达蒙和芝诺学习音乐、政治理论和哲学思想。

他的青少年时期在希波大战的岁月中度过，最后雅典与盟军取得了胜利，随后雅典又建立提洛联盟，一举成为希腊世界中最强大的国家。伯里克利刚正不阿，廉洁奉公，坚毅冷静，善演说，天生就是一个优秀的政治家。

公元前 462 年，置民主派的反对于不顾，客蒙率大军援助斯巴达镇压黑劳士起义。于是埃菲阿尔特斯和伯里克利趁机掌握政权，开始了政治的改革。公元前 461 年，埃菲阿尔特斯遭暗杀，于是伯里克利成为雅典的民主派和国家政权的重要领导人。

客蒙去世后，伯里克利一步步控制政局，后来每年连任雅典最重要的官职——首席将军。在伯里克利的领导下，经过一系列的改革，雅典的奴隶制经济、民主政治、海上霸权和古典文化臻于极盛。

雅典公民大会在伯里克利的推动下，逐步通过了一系列法令和措施，主要包括以下四个方面：

第一在权力方面，把权力分给公民大会、五百人会议和陪审法庭。公民大会、陪审法庭和五百人会议成为雅典的最高权力机关和执行机构。

第二在官职方面，使各级官职向公民开放。公元前 457 年后，第三等级公民取得了担任执政官的资格，后来第四等级公民也被允许担任此职。此后全体的雅典男性公民，都可通过抽签、选举和轮换获得选举权利，从而打破了受财产限制的权利。

第三在工薪方面，实行工薪制。开始时，只有陪审法官每日生活津贴由国家给予补贴，后来工薪制增加到大多数公职。

古雅典遗迹——重大集会场所

第四在限制身份方面，限制雅典公民身份的范围。在公元前 451 年规定，只有父母双方皆为雅典公民者才能获得雅典公民权。

经过伯里克利的苦心经营，雅典的奴隶主民主政体日益完备，最终达到了顶峰，被

事件	地区	时间（年）
雅典遭到洗劫	欧洲	约前 450
波斯与希腊在塞浦路斯大战，波斯战败	欧洲	前 449
魏文侯以李悝为相开始变法	亚洲	前 445

时间（年）	地 区	事 件
前 450	欧洲	罗马制定《十二铜表法》
前 447	欧洲	雅典着手修建帕提侬神庙
前 445	欧洲	罗马立法允许贵族与平民通婚

称为雅典民主政治的“黄金时代”。民主的氛围，使得雅典在精神文化等领域，都取得了辉煌的成就。不过雅典民主也只是雅典的“成年男性公民当家做主”，而对于妇女、外邦人还有广大的奴隶而言，根本就没有民主可言。

帕提侬神庙

相传雅典娜和海神波塞冬，争做一座城市的保护神，两人相持不下。为了公平起见，宙斯说：“谁能送给人类一件有用的东西，那么城就归谁。”一听这话，波塞冬赶紧用他的三叉戟，敲了一下这座城的岩石，一匹英勇的战马破石而出，这是战争的象征。

雅典娜则用她的长矛，轻轻敲了一下岩石，一株油橄榄树破岩石而出，这是和平的象征。结果，众神选择雅典娜为这座城市的保护神。这座城市就用她的名字来命名——雅典。并且雅典娜还是农业和法律的保护神，最受希腊人尊崇。

在雅典的黄金时期，爱琴海沿岸大约 200 个城邦，每年争相献给雅典很多金银财宝，公元前 450 年左右，雅典开始修建帕提依神庙。为了显示雅典人对其城邦保护神的尊敬，帕提依神庙采用白色大理石堆砌而成。

帕提依神庙位于希腊共和国的首都雅典卫城，坐落在卫城中央的最高处。庙内存放着一尊黄金象牙镶嵌的全希腊最为高大的雅典娜女神雕像。

从公元前 477 年正式兴建，耗时 9 年大庙封顶，又历时 6 年才把各项雕刻完成。帕提依神庙呈现长方形，庙内有前殿、正殿和后殿。

神庙祭殿外墙的腰线上，镂刻着雅典娜节的游行盛况：有欢快的青年、美丽的少女、拨琴的乐师、献祭的动物和主事的祭司。神庙里面，还供奉着一尊高达 12 米的雅典娜女神的雕像。这具神像设计巧妙，可以搬动和转移隐蔽。这座雕像，是由古希腊最伟大的雕

古雅典遗迹——帕提侬神庙

刻家菲迪亚斯精心制作的艺术珍品。

神庙的内部，按照多利亚柱式的惯例，安排得很简单，但又主题突出，庄重宏伟。与一般神庙一样，分为前后两间，前厅安置神像，后库用来存放祭品和财物。帕提侬神庙的前厅放置的是菲迪亚斯制作的黄金象牙雕的雅典娜巨像，高达 12 米。

神庙的浮雕与雕像一样精美，长达 160 米的浮雕带一气呵成，气韵生动，人物动作完美，历来被认为是希腊浮雕的杰作。浮雕是以表现雅典娜节游行庆祝活动为主题，第一次把普通公民的形象堂而皇之地列于庙堂之上。

帕提依神庙不仅仅意味着对神的尊崇，在神庙内有一幅巨型壁画描述雅典人庆祝节日的盛况，这意味着是“所有雅典人的节日”，表明了修建神庙是城邦所有公民的决定。另外，神庙把工程的预算和开支都刻在石头上，供城邦公民监督。这体现了民主制的萌芽。

伯罗奔尼撒战争

在希波战争结束 50 年后，提洛同盟（希波战争中由希腊的自由城市自愿成立的一个同盟）的功能已经发生退化，变成雅典保持和加强其在爱琴海上霸权的工具。这样的行径

事件	地区	时间（年）
雅典执政官伯里克利开始执政	欧洲	前 443
楚国准备进攻宋国，却被墨子阻止	亚洲	前 439
伯罗奔尼撒战争开始	欧洲	前 431

时间（年）	地区	事件
前430	欧洲	雅典大瘟疫
约前425	欧洲	古希腊历史学家希罗多德去世
前405	欧洲	羊河之役中雅典海军大败

导致了斯巴达人的反对，于是在斯巴达领导下的伯罗奔尼撒联盟，开始对提洛同盟进行反抗。

公元前431年，斯巴达同雅典彻底撕毁合约，希腊两大城邦之间争夺霸权的战争，正式开始。雅典的执政官伯里克利采取的策略是，在陆地上取守势，在海上取攻势，派舰船侵袭伯罗奔尼撒半岛沿海地区，鼓动希洛人暴动，逼敌方求和，还积极开展外交工作，同色雷斯和马其顿订立了同盟。

战争进行的第二年，雅典发生了瘟疫，城内人群密集，医生也纷纷染病，炎热的夏天人们像苍蝇一样死去。瘟疫使得人们不再关心宗教和法律，雅典城内一片混乱。城内的人们处在死亡的威胁之下，城外的田地被蹂躏。雅典人在与敌人战斗的同时还要与疾病做斗争，人们对执政者开始不满。他们纷纷对伯里克利强烈谴责，渴望与斯巴达人讲和，但是没有结果。

战争一直在继续，其间各有胜负。公元前425年，斯巴达人凭借强大的军力，洗劫了阿提卡。各有优势的两大军事集团开始出现僵持的局面。

公元前424年，伯里克利的继任者克里昂在斯法特克里亚岛附近的海战中取得了对斯巴达的重大胜利。于是斯巴达人提出和解，但因为他们提出了过分的要求，最后导致丧失了达成和平协定的

反映伯罗奔尼撒战争的油画

机会。公元前 422 年，克里昂阵亡。雅典的主和派重新掌权，公元前 421 年与斯巴达签订了《尼西阿斯和约》。

虽然签订了和约，可是两个盟邦的冲突不断。公元前 420 年，雅典的主战派重新取得了权力，并且和斯巴达的宿敌阿哥斯结盟。终于在公元前 415 年，战争进入了一个新的阶段。

斯巴达与波斯开始结盟，在波斯财力的资助下，斯巴达人开始建立自己的舰队。公元前 407 年，雅典海军在诺提乌姆打了败仗。公元前 405 年，羊河之役中，雅典海军惨败。斯巴达的海军司令莱山德成功地封锁了雅典，并迫使其投降。至此斯巴达成为希腊的霸主。

长达 27 年的伯罗奔尼撒战争，最终以斯巴达的胜利而结束。这场战争结束了雅典的黄金时代，也结束了希腊的民主时代。这场战争给繁荣的古希腊带来了毁灭性的破坏，导致整个希腊由盛转衰。这场战争让几乎所有的城邦都参与了，其战场几乎涉及当时整个希腊世界，也有人称这场战争为“古代世界大战”。

古希腊“三贤”

古希腊“三贤”指的是古希腊三位著名的哲学家，他们是苏格拉底、柏拉图和亚里士多德。

苏格拉底出生于一个普通的公民家庭，他的父亲是石像雕刻师，母亲是助产婆。他身体矮小，外貌可以说有点丑陋，但是从小他就喜欢在大街上与人高谈阔论，探讨真理。他认为自己的任务就是每天找人探讨问题，探求对人对己有用的真理和智慧。

年轻时苏格拉底跟随父亲学过雕刻，熟读《荷马史诗》以及其他的著作，依靠自学成

事件	地区	时间（年）
高卢人洗劫罗马	欧洲	前 390
名将吴起开始在楚国实施变法	亚洲	前 386

时间（年）	地区	事件
前 390	欧洲	罗马制定新法，规定两个执政官必须有一个是平民
前 387	欧洲	雅典学院建立

为一个很有学问的人，被认为是当时最有智慧的人。30 多岁时，他做了一名不要报酬也不设馆的社会道德教师，靠传授知识为生。

公元前 399 年，希腊政局发生变化，苏格拉底被控告，主要罪名是藐视传统宗教、引进新神、败坏青年和反对民主等，最后被判处死刑。

他拒绝了朋友和学生为他乞求赦免和外出逃亡的建议，从容面对死亡，舍生取义，饮鸩而死。在欧洲文化史上，他一直被看作是为追求真理而死的圣人，是一位个性鲜明的哲学家。

苏格拉底一生没留下任何著作，他的事迹和学说主要是通过他的学生柏拉图和其他人的记载而流传下来的，但其影响却巨大。在苏格拉底以前，希腊的哲学主要研究内容为宇宙的本原，世界是由什么构成的等问题。

但是苏格拉底却转而研究人类本身，如什么是正义，什么是非正义；什么是勇敢，什么是怯懦；什么是国家，具有什么品质的人才能治理好国家，治国人才应该如何培养；等等。他为哲学研究开创了一个新的领域，使哲学“从天上回到了人间”。

苏格拉底塑像

柏拉图的原名为亚里斯多克勒斯，后来因为他强壮的身躯、宽广的前额和能言善辩，而被体育老师改称为柏拉图。因为他的才华，希腊人还称他为阿波罗之子，并且说他在婴儿时，嘴唇就有蜜蜂停留过，才使他的话语甜蜜流畅。

柏拉图生于一个比较富裕的贵族家庭，在家排行老四，青少年时受过很好的教育，喜欢哲学和文学，也热爱政治。20岁时柏拉图成为苏格拉底的弟子；还曾经向克拉底鲁学习赫拉克利特哲学，向赫莫根尼学习巴门尼德哲学。

在苏格拉底受到不公正审判被处死后，他很失望，于是开始游历世界各地。在40岁左右，他结束游历，返回了雅典，并且在雅典创办了自己的学校——阿卡德米学院。该学院是西方文明最早的有完整组织的高等学府之一，课程设置包括算术、几何学、天文学以及声学。学院的目标不是传授实用的技艺，而是注重思辨的理论智慧。学院培养出了许多知识分子，其中最杰出的是亚里士多德。

柏拉图认为世界由“理念世界”和“现象世界”所组成。理念的世界是真实的存在，并且永恒不变，而人类感官所接触到的这个现实的世界，只不过是理念世界的微弱的影子，它由现象所组成，而每种现象是因时空等因素而表现出暂时变动等特征。由此出发，柏拉图提出了一种理念论和回忆说的认识论，并将它作为其教学理论的哲学基础。

柏拉图和亚里士多德

在教学上，他设立了全面而丰富的课程体系，根据学生的心理特点，划分了不同的教学科目。在教学内容上，他接受了雅典以体操锻炼身体、以音乐陶冶心灵的和谐发展的教育思想。

柏拉图在教育史上是第一个提出“四科”（算术、几何、天文、音乐）的人，此后它成为古希腊课程体系的主干和导源，支配了欧洲的教育达1500年之久。

柏拉图才思敏捷，研究广泛，著述颇丰。以他的名义流传下来的著作有40多篇，另有13封书信。

事件	地区	时间（年）
战国七雄局面正式形成	亚洲	前386
古希腊哲学家亚里士多德出生	欧洲	前384
诸侯国晋国灭亡	亚洲	前376

时间（年）	地区	事件
前359	欧洲	秦国开始由商鞅主持变法
前359	欧洲	马其顿国王腓力二世即位

亚里士多德出生于希腊一个中等收入的家庭，他的父亲是马其顿国王腓力二世的宫廷侍医。青少年时他曾跟随父亲学习，除了基础知识，还学过医。公元前366年，全家搬到雅典，于是亚里士多德被送到柏拉图的学院进行学习。

在学院中，亚里士多德生活节俭，对老师同学都很好，学习也非常出色，被柏拉图称为“学院之灵”。亚里士多德在许多方面都有自己的创新，他尊重老师而又不盲目崇拜。他一生勤奋治学，从事的学术研究涉及逻辑学、修辞学、物理学、生物学、教育学、心理学、政治学、经济学、美学等。

离开老师的学院后，他开始游历各地。后来他被马其顿的国王召回故乡，成为太子的老师，太子就是后来的亚历山大大帝。在他的影响下，亚历山大大帝关心科学事业，尊重知识。不到10年，亚历山大大帝打垮了波斯大军，建立了一个空前强大的帝国。

亚里士多德在雅典创办了自己的学院——吕克昂学园。学园拥有当时第一流的图书馆和动植物园等。亚里士多德非常重视教学方法，他反对刻板的教学方式，经常带着学生在花园林荫大道上一边散步一边讨论问题，因此后人把亚里士多德学派称作“逍遥学派”。

公元前323年，亚历山大病故，雅典人开始了反马其顿的狂潮，于是很多人开始攻击亚里士多德。在朋友的帮助下，亚里士多德逃出了雅典，但是第二年他就去世了，终年63岁。

他写下了大量的著作，据说有170多部，简直就是古代的百科全书，流传下来的有47部，像《形而上学》《物理学》《伦理学》《政治学》《诗学》等。他自己独创了形式逻辑学，丰富和发展了哲学的各个分支学科，对科学做出了巨大的贡献。他的思想对人类产生了深远的影响。

亚里士多德塑像

亚历山大东征

马其顿是希腊北部一个贫瘠落后、默默无闻的城邦，在国君腓力二世的带领下走向强盛。公元前 336 年，腓力二世在他女儿的婚礼上被波斯的刺客杀死。腓力二世的儿子亚历山大继位，当时年仅 20 岁。公元前 334 年，亚历山大以父亲被波斯人刺杀和“解放小亚细亚希腊城邦”为借口开始了东征。

当时的波斯帝国是个没落的军事奴隶制国家，在大流士三世统治下，国势日衰。亚历山大远征军渡过赫勒斯滂海峡后，在马尔马拉海南岸格拉尼库斯河遭到波斯军阻击。睿智多谋的亚历山大，依靠自己卓越的军事才能，轻松击败了波斯军。

亚历山大乘胜追击，开始沿小亚细亚西海南下，一路势如破竹。公元前 333 年，远征军在伊苏斯之战中击败大流士三世，打开了通往叙利亚、腓尼基的门户，大军继续南下，拔除了波斯海军的据点，从而确保了远征军与希腊之间的交通。公元前 331 年，远征军兵不血刃地占领了上、下埃及。

亚历山大率步兵 4 万、骑兵 7000 从埃及出发，向波斯腹地巴比伦尼亚与伊朗高原进军，并且在高加米拉之战中大获全胜，大流士三世逃往米底。远征军乘胜南下，轻取巴比伦，占波斯都城苏萨，随后进入伊朗高原。公元前 330 年，大流士三世被其下属所杀，波斯帝国及阿黑门尼德王朝灭亡，亚历山大成为波斯统治者。

波斯帝国灭亡后，亚历山大率军继续东进，在粟特遇到当地居民激烈反抗，远征军受到沉重的打击，两年后才将起义军镇压下去。公元前 327 年，亚历山大被富饶的印度河流域所吸引，开始入侵印度河流域。

公元前 326 年，远征军抵达希达斯佩斯河（今杰赫勒姆河），与波斯王国军队对峙。

事　件	地　区	时间（年）
亚历山大开始东征	欧洲	前 334
亚历山大征服埃及	非洲	前 331
波斯帝国灭亡	亚洲	前 330
亚历山大入侵印度	亚洲	前 327

时间（年）	地区	事件
前323	亚洲	亚历山大病逝
前323	欧洲	数学家欧几里得出生
前321	亚洲	孔雀王朝建立
前312	欧洲	罗马第一条引水渠建成

亚历山大率军渡河作战，迫使波鲁斯国王投降。远征军继续东进，抵达希发西斯河畔。这时，疫病开始在军中流行，士兵们的厌战情绪增长，亚历山大被迫停止东征，兵分三路开始撤军。公元前324年春，亚历山大抵达巴比伦，东征结束。

马其顿帝国古钱币

历时十年，行程万余里，横跨欧、亚、非三洲的亚历山大东征，是一场掠夺性的战争。这次东征中，亚历山大的作战策略，采用的作战方法，步兵与骑兵、陆军与海军间的配合策略，都给世界军事学术史留下宝贵的经验。

这次东征，对亚洲文明造成了毁坏性的破坏，不过也促进了东西方之间的联系，使得双方贸易往来更加频繁。有很多希腊人移民到了西亚，并且把他们的生活方式、风俗、语言和文字带入东方，同时西方也从东方汲取了不少文化养分，让希腊文明和东方文明获得了交流和融合的机会。

孔雀王朝与阿育王

马其顿的国王亚历山大进入印度西北部后，在旁遮普设立了总督，留下了一支军队后，就撤离了印度河流域。公元前322年，摩揭陀国出现了一名叫旃陀罗笈多的贵族。他组织了一支军队，率领当地人民起义，最后击败了马其顿人的部队，宣布了印度的自由。因为它的创建者出身于一个饲养孔雀的家族，所以被称为孔雀王朝。

旃陀罗笈多赶走了希腊人在旁遮普的残余力量，并逐渐征服北印度的大部分地区，为孔雀王朝的建立打下了根基。旃陀罗笈多老了后，因笃信耆那教，后来抛弃王位出家。于是他的儿子宾头娑罗继位。宾头娑罗上位后，镇压了呾叉始罗地区的人民起义，保持了在北印度地区的统治。

阿育王是宾头娑罗众多儿子中的一个，从小崇拜释迦牟尼，喜欢佛教，18 岁就被任命为阿般提省总督。公元前 273 年，宾头娑罗病重，因为还未立太子，朝中内乱，在大臣的帮助下，阿育王成为孔雀王朝的第三位帝王。传说阿育王曾经杀死兄弟姐妹 99 人，最终才取得胜利。公元前 269 年，阿育王正式举行了登基典礼。

年轻气盛的阿育王好战，喜杀戮，统一了整个南亚次大陆和今阿富汗的一部分地区。在征服羯陵伽的战争中，俘虏了羯陵伽 15 万人（畜），10 万人在战争中被杀，战争造成了非常多的死亡。

后来，除了迈索尔地区外，印度全境得到统一。阿育王在征服羯陵伽国时目睹了屠杀的场面，幡然醒悟，于是停止武力扩张，开始努力治国。从旃陀罗笈多至阿育王，经过祖孙三代人的拼搏，孔雀王朝至此达到了极盛阶段。

结束战乱后的阿育王，开始专注于佛教。他把佛教定为国教，广修寺庙，在全国修建了 84000 座佛舍利塔，号召四方僧人，整理、编撰和完善了许多佛经，使佛教得到了快速的发展。这段时期是印度佛教发展的黄金时期，并且为了扩大佛教的影响力，他还派僧人外出传教。

阿育王倡导对人要仁爱慈悲，包括孝敬父母；还倡导众生平等，同时要尊重动物的生命；要多做好事；要宽容其他宗教，要求各教和平共处。

公元前 232 年，有着“护法名王”尊号的阿育王去世了。在他死后，孔雀王朝就开始日渐衰退。印度重新分裂为许多国家。约公元前 187 年，孔雀王朝的最后一位国王巨车王在阅兵时被大臣普沙密多罗·巽伽所杀，孔雀王朝正式结束。

事件	地区	时间（年）
阿育王即位	亚洲	前 273
长平之战，赵军大败，秦坑赵降卒 40 万	亚洲	前 260
秦国攻打赵都邯郸，信陵君窃符救赵	亚洲	前 258

时间（年）	地区	事件

孔雀王朝是印度史上第一个强大的统一王朝，虽然统治只有短短的50年，但是把印度佛教传播到了世界各地。不仅把佛教传到斯里兰卡，也传到埃及、叙利亚、缅甸及中国等地，就连中国的宁波都曾有阿育王寺。

第三章　争霸与发展

三次布匿战争

布匿战争是古代两个奴隶制国家——古罗马和古迦太基（罗马对迦太基的称呼为“布匿库斯”），为争夺地中海西部统治权而进行的著名战争。

迦太基位于非洲北部，由腓尼基人移民建成。它的农业和商业，在公元前 3 世纪就已经很发达，并且它的海军在当时地中海的西部所向披靡，成为罗马向海外扩张的劲敌。

罗马发祥于意大利半岛，是一个不大的城邦，在没有统一前还与迦太基结盟，共同对付实力雄厚的希腊城邦。不过统一了意大利半岛后，罗马成为地中海上的一大强国。两国为了得到号称“地中海谷仓”的西西里岛，开始了长达几十年的战争。

在皮洛斯战争期间，叙拉古雇佣军中的一批意大利人强占了西西里岛东北端的墨西拿。公元前 265 年，叙拉古的希落二世即位后，决定清除这批叛变的雇佣军，出兵围攻墨西拿。于是这些意大利人分别向迦太基和罗马求助。迦太基出兵逼退了叙拉古，并抢先控制了墨西拿。后来那批意大利人又与罗马人联盟，公元前 264 年罗马军队开进西西里，揭开战幕。

战争断断续续打了 23 年，直到公元前 241 年才结束，罗马凭借庞大的海军取得了胜利，如愿以偿拿下西西里岛，迦太基被迫签订不平等和约，第一次布匿战争结束。

失败后的迦太基，开始向欧洲西部的伊比利亚半岛发展。罗马警告迦太基不能穿过埃布罗河，但是汉尼拔无视此警告，继续前进。于是罗马利用外交政策，让迦太基交出汉尼拔，但是被拒绝，于是罗马向迦太基宣战。

在政治上汉尼拔利用罗马和意大利各同盟间的矛盾，孤立并削弱罗马。同时，他还与地中海沿岸的罗马邻国结成反罗马联盟。在作战策略上，汉尼拔避开罗马的主力，率

事件	地区	时间（年）
第一次布匿战争	欧洲	前 246—前 241
郑国渠开始修建	亚洲	前 246
西西里成为罗马第一个行省	亚洲	前 241

时间（年）	地区	事件
前 240	亚洲	阿育王于华开城召集佛教大会
前 237	欧洲	罗马占领科西嘉岛和撒丁岛

领大军从小道翻越阿尔卑斯山，然后出其不意地出现在意大利本土，打了罗马军队一个措手不及。

反映布匿战争的图画

虽然取得了几次胜利，但是最后还是罗马取胜。公元前 201 年，第二次布匿战争结束，迦太基被迫赔款及交出海军，并放弃非洲以外的全部属地。

在第二次布匿战争之后，罗马忙着东西两线作战，但是迦太基一直在休整。罗马害怕迦太基卷土重来，于是在公元前 149 年找个借口，发动了第三次布匿战争。公元前 146 年，罗马人攻破迦太基城。城里财物被劫掠一空，房屋被放火焚毁，一座繁荣的城市被夷为平地。

安息帝国

公元前 3 世纪前期，游牧的帕尔尼人从今锡尔河流域迁徙到帕提亚地区，并与当地居民融合在一起。公元前 247 年，帕尔尼人的首领阿萨息斯控制了政权，以尼萨为都城，建立了阿萨息斯王朝。中国史籍称之为安息，西方史学家称之为帕提亚。

公元前 238 年，塞琉古王国出兵安息帝国，安息帝国战败，不过塞琉古王国此时却出现内乱，不得不退兵，安息帝国的独立得以维持。后来塞琉古王国再次东侵安息帝国，安息帝国被迫向其纳贡。公元前 192—前 189 年，塞琉古王国因罗马帝国东侵，无暇顾及

现代出土的帕提亚帝国的酒杯

其他地方，伊朗西部的小国纷纷独立。这时的安息王是米特里达梯一世，他乘机西征。

公元前 155 年，米特里达梯一世占领了米底王国，开始反攻塞琉古王国。公元前 141 年攻占塞琉古，巴比伦尼亚也归入安息版图。公元前 139 年，帕提亚俘获叙利亚国王德米特里二世。米特里达梯一世进而征服埃里迈达、培尔西达、巴克特里，米特里达梯一世又从大夏手上取得木鹿城（今麦尔夫），安息崛起为国际舞台上的头等大国。在米特里达梯一世的统治下，安息帝国的疆域扩张至最大。

公元前 130 年，塞琉古王安条克七世集中全力攻打安息，虽然开始曾攻入米底，但是后来米底及两河流域又重归安息。公元前 115 年，安息东面的边界直达阿姆河。公元前 1 世纪初，安息再向西北扩展，直达亚美尼亚。至此，塞琉古帝国的领土只剩下叙利亚一带，位置处在西面的罗马及东面的安息之间。

公元前 64—前 63 年，罗马出兵消灭了塞琉古，建立叙利亚省及犹太省，与安息直接相对。公元前 53 年，罗马军队在克拉苏率领下，强渡两国的边界幼发拉底河，结果却在卡尔莱大败，克拉苏及其子均被杀。

公元 1 世纪，贵霜帝国形成，迫使安息的东北国境退出阿姆河。公元 114—116 年，罗马帝国皇帝图拉真率军亲征，大败安息，占领了亚美尼亚及两河流域。后来安息不断与罗马开战，严重削弱了自己的国力，内部亦起纠纷。

事件	地区	时间（年）
思想家韩非自杀	亚洲	前 233
秦国开始统一战争	亚洲	前 230
帕提亚帝国灭亡	亚洲	前 226

时间(年)	地区	事件
前 225	亚洲	秦将王贲引河水灌魏都大梁，灭魏
前 223	亚洲	秦将王翦攻入楚都寿春，灭楚
前 221	亚洲	秦将王贲攻入齐境，齐国灭亡

之前被帕提亚征服的地区都被要求学习希腊文化，但是绝大多数地区一直还保留着伊朗文化的传统。公元 1 世纪中叶以后，安息王权衰落，各省总督和部落首领纷纷独立，此时民族意识开始觉醒。

此时法尔斯的萨珊家族已经兴起，阿尔达希尔把边境拓展北至伊斯法罕，东至克尔曼。公元 226 年，阿尔达希尔与帕提亚帝国最后一个王——阿尔达班四世大战。阿尔达班四世在伊斯法罕西北之霍尔米兹达干战役中阵亡，至此安息帝国灭亡。

安息帝国位于罗马帝国与中国汉朝之间的丝绸之路上，商业发达，与汉朝、罗马、贵霜帝国并列为当时亚欧四大强国。

四次马其顿战争

马其顿王国经过腓力二世、亚历山大等几代能征善战的国王的发展，国家版图已经扩张得很大，到公元前 4 世纪中期，已控制了整个希腊地区。但亚历山大去世后，马其顿王国的领土急剧减小。公元前 220 年，年仅 17 岁的腓力五世继承王位。这位年轻国王的野心很大，他一直企图恢复对伊利里亚的控制。

汉尼拔塑像

公元前 217 年，在第二次布匿战争中，罗马遭到惨败，国内形势紧张。这让腓力五世觉得插手地中海的机会来了，于是匆匆结束与埃托利亚同盟的战争，开始大力发展一支舰队。

公元前 215 年，马其顿与反罗马的联盟迦太基名将汉尼拔开始结盟，并向罗马宣战，第一次马其顿战争开始了。公元前 214 年，腓力五世率领一支由 120 艘小船组成的舰队再次进入亚得里亚海水域，准备围攻阿波罗尼亚，并迅速占领了奥里卡姆。后来在攻打阿波罗尼亚时，腓力五世受到了沉重的打击，并且没有得到迦太基的帮助，最后只得烧掉他新造的船只，从陆地上回到马其顿。

第一次马其顿战争，因为腓力五世的海军力量不足，缺少船只无法渡海作战，导致双方交战数年一直未分胜负。后来罗马利用外交政策，在马其顿周围形成了一个反腓力的希腊同盟。公元前 206 年，马其顿和希腊城邦实现和解。公元前 205 年，被第二次布匿战争拖得筋疲力尽的罗马也不得不与马其顿缔结和约，并接受了那些不利的停战条件。

罗马在战胜迦太基后，想要趁势向东扩张，于是以保卫希腊为借口向马其顿宣战。罗马首先与希腊城邦联合组成反马其顿同盟，并争取叙利亚保持中立。公元前 200 年，罗马军队在执政官弗拉米尼努斯的率领下，进军到希腊西部。公元前 197 年，两军在库诺斯克法莱相遇，只是罗马军队用中队战术大破马其顿方阵。次年缔结和约，马其顿军队被迫全部从希腊撤出。

公元前 179 年腓力五世去世，他的儿子佩尔修斯继位，随后不断扩充自己的势力，以谋求对希腊的控制权，引起了罗马人的不满。当佩尔修斯前去德尔菲时，整个希腊为之惊慌。于是公元前 172 年，帕加马国王请罗马出兵。第三次马其顿战争爆发。虽然开始时马其顿取得了几场胜利，但最后在彼得那决战时，马其顿大败，佩尔修斯也被擒，后来死于狱中。马其顿被分割为 4 个自治共和国，沦为罗马的属地。

马其顿被罗马分割为 4 个自治共和国后，各种矛盾不断，引起了一片混乱，马其顿人对罗马的统治日益不满。这时安德里斯库斯自称是佩尔修斯的儿子，自立为王，开始反叛罗马。罗马任梅特卢斯为军政长官，把叛乱平息了，最后罗马吞并了马其顿，把它划为罗马帝国的一个行省。马其顿王国灭亡。

事件	地区	时间（年）
腓力五世登上王位	欧洲	前 220
第一次马其顿战争	欧洲	前 215—前 205
第二次马其顿战争	欧洲	前 200—前 197
第三次马其顿战争	欧洲	前 171—前 168
第四次马其顿战争	欧洲	前 151—前 146

时间（年）	地区	事件
前 140	亚洲	汉武帝即位
前 137	欧洲	第一次西西里奴隶起义爆发
前 135	亚洲	汉武帝以田蚡为丞相，排斥黄老学说

贵霜帝国

公元前 177 年，月氏击破敦煌附近另一个游牧部落乌孙，杀其王难兜靡，夺其领地。难兜靡的儿子猎骄靡刚刚出生，其部落被迫逃奔匈奴。

公元前 177—前 176 年，匈奴冒顿单于派遣右贤王大败月氏。公元前 174 年，匈奴又一次大败月氏，月氏王的脑袋被匈奴人砍下来当作酒器。月氏和匈奴之间的血海深仇促使汉武帝派遣张骞出使西域，希望联合月氏等国共同夹击匈奴。

月氏大多数部众遂西迁至伊犁河流域及伊塞克湖附近，原居此地的塞种人大部分被迫南迁到兴都库什山以南。

月氏在河西走廊留下小部分残众与祁连山间羌族混合，号称小月氏，而西迁之月氏从此被称为大月氏。

大月氏遗址

公元前 139—前 129 年，乌孙王猎骄靡长大，部落也逐渐强盛起来，于是他为父报仇，率部众西击大月氏，夺取伊犁河流域等地。大月氏再次被迫南迁，过大宛，定居于阿姆河北岸。

公元前 1 世纪初叶，大月氏又征服阿姆河南的大夏。当时这个地域属于塞种人文化圈，风俗习惯和塞种国家大宛（就是产汗血宝马的地方）相似。大月氏把希腊化的王国分为五个翕侯分别管理，分别为休密、双靡、贵霜、肸顿、都密。大月氏王将大夏国臣民分为五部，并非大月氏族本身分为五部。

公元前 328 年，马其顿王国的亚历山大大帝带领希腊联军征服大夏。留在当地的希腊人建立了巴克特里亚~希腊王国，这个王国一直存在到公元前 125 年被大月氏征服为止。

大夏即希腊人在中亚所建立的巴克特里亚，巴克特里亚王国是希腊人的称呼。它是希腊人最东边的殖民地。统治者自然是希腊人，个别统治者是塞种人。

大月氏人的两次迁徙充满血泪史，同时对中亚地区的历史影响甚大。它造成希腊化的巴克特里亚王国（大夏）灭亡，促使塞种入侵印度北部，并引起汉武帝派张骞出使西域，从而开辟丝绸之路。是不是有点意思，匈奴人赶走大月氏人，大月氏人赶走塞种人，塞种人进入印度。

贵霜帝国雕像

至公元 1 世纪初，五部翕侯中贵霜逐渐强大，贵霜翕侯丘就却（有历史记载其不是大月氏人）推翻大月氏王，建立贵霜帝国。这个流亡国家的历史，也终于进入了新阶段，摇身一变成为公元 1 世纪的强大帝国——贵霜帝国。

贵霜帝国的创立者丘就却还向南攻击喀布尔河流域和今克什米尔地区，初步奠定了帝国的基础。丘就却死后，其子阎膏珍继位。阎膏珍进一步向南进攻，进兵印度，占领了恒河上游地区，任命将军进行统治。帝国都城仍是中亚的蓝

事件	地区	时间（年）
格拉古兄弟改革开始	欧洲	前 133
中国开始使用“年号”纪年	亚洲	前 114
哲学家西塞罗出生	欧洲	前 106

时间（年）	地区	事件
前 102	欧洲	恺撒出生
前 90	亚洲	《史记》成书
前 60	欧洲	罗马前三头同盟与恺撒独裁，共和体制被颠覆

氏城。

到迦腻色伽一世统治时期，贵霜帝国进入全盛时期。迦腻色伽在西方打败了开始衰落的安息，向南进一步征服印度。贵霜帝国的势力达到全盛，成为西起伊朗东境，东至恒河中游，北起锡尔河、葱岭，南至纳巴达河的疆域广大的帝国。迦腻色伽一世又将都城迁至犍陀罗地区的富楼沙（今巴基斯坦的白沙瓦市）。

恺撒大帝

盖乌斯·尤利乌斯·恺撒出身名门，其父担任过财政官、大法官及小亚细亚的总督，其母来自权势很大的奥莱利·科塔家族。其叔父、外祖父曾担任过执政官，姑母也嫁给了赫赫有名的马略。

他从小就被长辈寄予厚望，被送到了专门培养贵族子弟的学校。他特别喜欢希腊的古典文学，还精通骑马、剑术等。他渴求知识，是个非常优秀的人才。

罗马元老院

恺撒年轻时，勇于揭发罗马总督的贪污，从而名声大噪。当时元老院和民主派正在激烈地斗争，公民权也只有罗马城内的贵族和自由民才享有。恺撒一直在反对元老院的活动，在平民中的呼声很高。

公元前 75 年，他为了提高自己的口才，在罗德岛拜雄辩大师阿波

恺撒大帝塑像

洛尼奥斯为师。返回罗马后，他成为祭司。后来，他参加选举，当选为财务官。公元前 63 年，西塞罗因与平民阶层决裂，结果在执政官任期中没有任何作为。相反，恺撒则是节节胜利。此时，罗马的祭司长皮乌斯去世，恺撒一举获得终身职位。不久，又谋得大法官的职务。

公元前 60 年，恺撒当选为罗马共和国的执政官。作为执政官的恺撒，需要庞培的声望和克拉苏的金钱，而此时庞培在争取安置退伍老兵的土地，遭到失败；克拉苏，也在为获得对抗帕提亚所需的军队控制权而犯愁。于是三人一拍即合，结成反对元老院的秘密同盟，目的就是“这个国家的任何一项措施都不得违反他们三人之一的意愿。”

后来恺撒被派去管理山北高卢和伊利里亚 5 年。刚到任，他便发动了高卢战争。经过 9 年的战斗，恺撒夺取了整个高卢地区。恺撒是第一个跨过莱茵河，到对岸去进攻日耳曼人的罗马人。恺撒的成就让庞培深感不安，加上克拉苏的死亡，三头同盟开始不稳，于是元老院开始拉拢庞培。庞培利用权力，宣布解除恺撒的兵权，并命他马上从高卢返回罗马。

恺撒知道这一切都是庞培的阴谋，于是公元前 49 年，他突然率领军队渡过卢比孔河，直逼罗马。这超出了庞培的预期，迎战不及，只好逃跑。恺撒进入罗马，元老院的议员被迫选他为独裁官。

公元前 44 年，恺撒宣布成为终身独裁者。为了拯救被俘的 9000 名罗马士兵，恺撒宣布将远征帕提亚。但是，出发前占卜师说“只有王者才能征服帕提亚”，反恺撒派非常恐惧，策划谋杀恺撒。有 60 多人参与了这场阴谋，最后恺撒被杀死。

事件	地区	时间（年）
恺撒出征不列颠	欧洲	前 55
恺撒入侵高卢	欧洲	前 51
庞培在埃及被杀	欧洲	前 48
恺撒遇刺	欧洲	前 44

时间（年）	地　区	事　件
前33	亚洲	昭君出塞
前31	欧洲	亚克兴海战爆发
前30	非洲	埃及艳后自杀

亚克兴海战

恺撒遇害后，执政官安东尼继承了统治权，不过恺撒的养子屋大维宣称自己才是恺撒的继承人，两方势力的矛盾不断。在除掉了刺杀恺撒的共和派势力后，罗马帝国的内部矛盾更加激化。

安东尼与埃及女王结婚后，埃及女王公然宣称将罗马东方几个行省赠予她的后代和子嗣，这引起了罗马人强烈的不满。屋大维趁机拉拢了元老院的长老，把安东尼定为“祖国之敌”，开始向埃及女王宣战。

公元前31年，屋大维趁机出兵讨伐安东尼，他的战舰上装备一种新型武器——钳子。这种新武器就是把跳板的外面包上铁皮，并且一头装有铁钩，另一头拖有绳索，进攻时，只要用弩炮把“钳子”投射到敌舰上，因为有铁皮包着，敌人就无法砍断跳板和割断后面的绳索。这种武器可以让罗马军队把陆战的强大实力充分发挥出来，是海军武器发展的一个进步。

亚克兴海战

在希腊西海岸，夏季的风刮得都很有规律，上午总是从海上吹向大陆，到中午就变为西北风，风力相同。安东尼根据这个规律制定了一个万无一失的作战计划。但是谁能想到，这样一个完美无瑕的计划，竟然因为一个逃兵的出现而功亏一篑呢？屋大维得知安东尼的计划后，决定将计就计。伴随着海风的刮起，大战随之而来。

大战开始后，屋大维利用“钳子”，把船上的步兵运输到敌方甲板上，长矛、短剑不断挥舞，海战变成了陆战。就在安东尼仍指挥右翼苦战时，他的中央和左翼舰队觉得没有希望获得胜利，于是调头向港内逃跑。埃及女王赶紧指挥她的预备队进行阻拦，可她的预备队却直接向屋大维投降了。

知道已经无法挽回败局，安东尼通知埃及女王，准备逃跑。可是包括安东尼在内的一些没有带风帆的战舰，无法逃走，只能血战到底。后来安东尼带着仅剩的四十艘战舰逃走了。看到海军的失利，安东尼的陆军也向屋大维投降了。

最后安东尼和埃及女王逃亡埃及，第二年夏天，屋大维进军埃及，最后两人都选择自杀。

亚克兴海战被公认为古代世界史上，发生在地中海上最重要的一场海上战役。此役中的“钳子”战术被以后世人纷纷效仿，成为最经典的海上战术。

在亚克兴海战中的胜利，让屋大维理所当然地成为罗马的救星，最终取得了罗马的大权，建立了罗马帝国。屋大维的取胜，使得曾经无比辉煌的埃及，沦为罗马帝国的一个行省。

罗马帝国时代

亚克兴海战大胜后，屋大维回到罗马，威望已经可以比拟恺撒了，当时罗马的版图包含今日的意大利、法国、西班牙、埃及，就连地中海也成了罗马的“内湖”。

公元前 27 年，屋大维巧妙地利用政治手腕，一面宣称卸除一切大权，恢复共和制；一面又假装迫于元老院和人民的请求，接受绝对权力，并获得元老院授予的“奥古斯都”和“祖国之父”的称号。持续了 500 多年的罗马共和时期结束，而罗马帝国时期正式开始。

事件	地区	时间（年）
《汉书》中第一次出现对太阳黑子的记录	亚洲	前 28
元老院授予屋大维“奥古斯都”的称号，罗马进入帝国时期	欧洲	前 27
佛教传入中国	亚洲	前 25

时间（年）	地　区	事　件
前 14	欧洲	屋大维逝世
前 11	欧洲	罗马开始修建斗兽场
8	亚洲	王莽篡位建国，国号“新”
25	亚洲	刘秀建立东汉

屋大维在位期间，做了很多的改革，他改革军事，裁减军备，并建立了帝国第一支常备军团和近卫军；他设立了协助皇帝处理政务的内阁；为了掌握财政大权，他还创办了“国税局”；为了确立皇帝的最高军权，重新划分了行政区划，划分元老院行省与皇帝行省。他还以外交手段与帕提亚和亚美尼亚建立友好关系。

地中海成为罗马帝国“内湖”

到了公元前 9 年，罗马帝国遭到日耳曼人起义军的反击，屋大维放弃了向日耳曼的扩张，随后的百余年，罗马帝国进入漫长的稳定时期，也是“罗马和平”时期。

到了安东尼王朝皇帝图拉真在位时，罗马帝国的繁荣达到前所未有的高度。罗马帝国不仅经济繁荣，疆域也达到历史最大，控制大约 500 万平方公里的土地，成为世界古代史上国土面积最大的君主制国家之一。

公元 395 年，狄奥多西一世把罗马帝国一分为二，分别给两个儿子，从此罗马帝国实行永久分治。公元 476 年，罗马雇佣兵领袖日耳曼人奥多亚克打败西罗马帝国，废黜最后一个皇帝，建立了西哥特王国，西罗马灭亡。

东罗马帝国时期的金币

罗马帝国时期的官方语言是拉丁语，也是意大利当地的语言，不过希腊语却是帝国主要的语言之一。

这期间，西班牙人科路美拉著有 12 卷的《农业论》，讲述了农牧技术和管理，该书对中世纪的庄园有很大影响；还有《医学大全》的问世；在天文学上有《天文集》，托勒密提出了“地心说”。其他方面都有著作问世。

罗马帝国是古罗马文明由原本共和时代进入帝国时代之后的一个新的阶段，虽然表面上看是元老院主持的共和制，实际上却是皇帝独揽大权的政体。虽然早期他们并没有正式称帝，但是实际已经具备帝制的特点，皇帝已然成为独裁统治者，独揽军事、司法、行政、宗教等大权，实际上与专制君主并没有区别。

庞贝的灾难

公元 79 年，意大利维苏威火山爆发。等同于 40 枚核弹威力的热能喷涌而出，致使许多人丧生，庞贝古城被完全淹没。

庞贝古城

18 世纪初，意大利农民在维苏威火山西南 8 公里处修筑水渠时从地下挖出了一些古罗马的钱币，以及经过雕琢的大理石碎块。1748 年，人们又在附近挖出一块石头，上面刻有“庞贝”的字样。

原来它就在这里！古城庞贝之谜终于揭开了！从 1860 年起，人们对庞贝城开始了有计划的发掘工作。经过 200 多年断断续续的开掘，这座

事件	地区	时间（年）
罗马镇压毛里塔尼亚起义	非洲	42
庞贝发生地震	欧洲	62
罗马城发生大火	欧洲	64

时间（年）	地区	事件
78—91	亚洲	北匈奴被汉军击败后西迁
79	欧洲	人类历史上著名的灾难——庞贝火山爆发
80	欧洲	罗马竞技场竣工

在地下沉睡千年的罗马古城，大部分已经重见天日。现在，人们可以像当年进入庞贝城一样，漫步在宽敞平坦的大街上，领略这座古城的风光。

庞贝城的面积约 1 平方公里，四周绕有石砌城墙，设有七个城门。庞贝一词源于希腊语“Pempo”这个动词，意指“处死”。庞贝城位于维苏威火山南麓，脚下是宁静的萨尔诺河。庞贝古城的历史可以追溯到公元前 10 世纪，在经历了希腊人和萨莫奈人的统治后，公元前 89 年，庞贝最终被罗马征服，成为罗马帝国的殖民地。从此，庞贝的历史就和罗马联系在了一起。罗马帝国是一个经济、文化高度发达的奴隶制国家，庞贝在罗马帝国统治下和平发展了近 160 年，迅速成为帝国内仅次于罗马的第二大城市。

公元 62 年，庞贝地区发生过一次大地震，古城遭到了十分严重的破坏，当时的罗马帝国皇帝尼禄甚至一度考虑是否应该遗弃这个地方，庞贝城的许多居民却选择留下。但正如古城遗址中一处壁画上的铭文所说，“世界上没有任何东西可以永恒”，庞贝城的重建还未完成，一场灭顶之灾紧随而至。

在公元 62 年以前，维苏威这座活火山犹如一名温和娴静的淑女，人们并不担心它的存在会有什么危险。

但就在这宁静的外表下，却已积蓄了数千年的力量。公元 79 年 8 月 24 日，这股力量终于按捺不住爆发出来。从中午 1 时到第二天早上 7 时，18 个小时的时间，庞贝遭遇火山爆发、4 次熔岩流和 3 次灰尘暴袭击后被彻底湮没。

维苏威活火山

这场人类历史上著名的灾难能够得以记载，要归功于当时年仅 17 岁的小普林尼。火山爆发时，他正和母亲在米塞纳（庞贝城对岸 20 公里）拜访叔父老普林尼。小普林尼“隔岸观火”，目睹了火山喷发的全过程。6 年后，他应罗马著名历史学家塔西陀的请求，写了两封信，一封记录了身为罗马帝国海军司令官的老普林尼参与救援的过程，另一封则描述了火山喷发的情形：“一大片雪松形状的乌云突然出现在地平线上，巨大的火焰熊熊地燃烧起来。由于天空变得一片黑暗，火焰显得格外耀眼。地震频频不断，我们都不敢出去，因为那燃烧着的火山碎石正像冰雹那样从天上猛砸下来。”

塔西陀将小普林尼的信写进了自己的著述之中，也使深埋于地下的庞贝等罗马古城在史籍中留下了一丝线索。

信中还说，在大祸降临后，罗马帝国舰队派出了部分船只前往试图救援，但倾盆而下的火山灰、碎石，熊熊烈火升腾下的浓烟，以及熔岩喷发时散发出来的有毒气体，数日不能消退，救援工作无法展开。包括老普林尼在内的不少救援者因吸入有毒气体，不幸身亡。

这场灾难吞噬了 2000 多人的生命（庞贝大约有 2 万居民，大部分得以逃生），也埋葬了许多人类文明的结晶。

斗兽场与万神殿

古罗马人沿袭伊特拉斯坎人的建筑技术，并继承古希腊建筑的特色，在建筑形式、技术和艺术方面颇有创新。公元 1 世纪至 3 世纪为古罗马建筑的极盛时期，达到了西方古代建筑水平的高峰。

古罗马建筑的类型很多元，有罗马万神殿以及巴尔贝克太阳神庙式的宗教建筑，也有皇宫、剧场、角斗场、浴场和广场等公共建筑。

事件	地区	时间（年）
古罗马建筑的鼎盛时期	欧洲	1 世纪—3 世纪

时间（年）	地区	事件
89	亚洲	东汉开始由外戚专政
89	亚洲	窦宪率兵大破北匈奴
94	亚洲	班超率军开拓西域，使得西域五十余国纳入东汉版图

古罗马建筑在材料、结构、施工与空间的创造等方面，都有很大的成就。在空间的创造方面，重视空间的层次、形体与组合，并使其达到宏伟且富有纪念性的效果；在结构方面，罗马人在伊特拉斯坎和希腊建筑的基础上，发展出了综合东西方的柱与拱券结合的体系；在建筑材料方面，除了砖、木、石外，还运用当地特产的火山灰制成的天然混凝土。此外，罗马人还把古希腊柱式发展为 5 种，并创造出卷柱式。与细致、完美和富于诗意的古希腊建筑相比，古罗马建筑的特色则是冷静、实际，且充满扩张性，具体表现出了帝国的强大与气魄。

罗马万神殿是一座圆形建筑，位于罗马老城区中心，是古罗马保存至今最完整的建筑物之一。万神殿由两个部分组成，一是圆形的主体建筑，直径为 43.43 米，为古代世界跨度最大的建筑之一。其上部覆盖着一座巨大的穹顶，穹顶的中心有个巨大的孔洞，是这座建筑唯一的“窗洞”。整座穹顶和四周的圆形墙壁都是用罗马混凝土建造而成的，室内饰以大理石，用罗马砖作为建筑的外表面。入口处为矩形的门廊，采用希腊神殿式造型，略带浅粉色的整根花岗岩巨柱据说来自埃及，柱头则用白色大理石雕刻而成。门廊的廊顶则为木屋架。

古罗马万神殿

罗马斗兽场建成于公元 72 年，高 48 米，占地 16 万平方米，是无数动物、斗士和囚犯的葬身地。

古罗马斗兽场

斗兽场的真实名称叫作“佛拉维欧圆形剧场”，始建于公元72年，而完工于公元80年。可以说每一页罗马史或多或少都与斗兽场有关，它简直已演变成为罗马生活和罗马的标记。公元8世纪时，贝达神父曾预言：“几时有斗兽场，几时便有罗马；斗兽场倒塌之日，便是罗马灭亡之时；罗马灭亡了，世界也要灭亡。”1084年，日耳曼人打进罗马城，罗马城被洗劫一空，斗兽场也被人遗弃，一时曾成为人们挖掘大理石寻找建筑材料的来源，这部分地应验了贝达神父的预言。但罗马城仍旧存在，世界也没有灭亡，而且历史不断翻开新的篇章。构建这个庞然大物的封建帝王肯定不会想到，如今的斗兽场每天吸引着成千上万的游人，为后来人带来巨额收入。

斗兽场的整体结构有点像今天的体育场，或许现代体育场的设计思想就是源于古罗马的斗兽场。

斗兽场呈椭圆形，长直径187米，短直径155米，从外围看，整个建筑分为四层，底部三层为连拱式建筑，每个拱门两侧有石柱支撑。第四层有壁柱装饰。斗兽场内部的看台，由低到高分为四组，观众的席位按等级尊卑地位之差别分区。在斗兽场的内部复原图上，可以看出这个工程的浩大和壮观。但今天人们所能见到的已无完整看台的形象，只是原来支撑看台的隔墙，尽管破败不堪，但甚高、甚大、甚巧，仍让人为往日的辉煌啧啧称奇。

事件	地区	时间（年）
罗马帝国皇帝图拉真即位	欧洲	98
蔡伦改进造纸术	亚洲	105
罗马修建万神殿	欧洲	120

时间（年）	地区	事件
122	欧洲	罗马开始修建哈德良长城（在英格兰地区）
125	亚洲	汉安帝去世，汉顺帝即位
129	欧洲	医学家盖伦出生

君士坦丁与君士坦丁堡

君士坦丁大帝是罗马帝国皇帝，也是公元 324 年起罗马帝国唯一的统治者，在此之前，古罗马经历长达两个王朝的战乱，公元 192 年，安东尼王朝最后一位皇帝被杀，罗马帝国出现了近百年的混乱时期。而君士坦丁大帝也因此作为一个历史的节点被载入了罗马帝国的史册。君士坦丁继位后，废除了近卫军长官戴克里先制定的元首制及四帝共治制，成为罗马帝国唯一的君主，皇权得到强化。

君士坦丁公元 272 年出生于罗马帝国上默西亚行省的内索斯，位于现今塞尔维亚东部的尼什。父亲是一位军队中的高级将领，家庭环境殷实，因此君士坦丁在戴克里先皇帝的宫廷所在地尼考米迪亚度过了童年时光。当时的罗马帝国实行四帝共治制度，而君士坦丁的父亲就是西部奥古斯都君士坦提乌斯一世·克罗尔。戴克里先于公元 305 年让位，君士坦丁的父亲君士坦提乌斯一世就成了罗马帝国西半部的君主。君士坦提乌斯一世翌年去世，他的军队要求君士坦丁当皇帝，但是另一些将领反对这一要求，因而爆发了一系列的国内战争。

君士坦丁堡遗址

君士坦丁大帝的贡献更多地体现在治国方面。在君士坦丁大帝实行的众多举措中，影响较为深远的主要有重建政治中心、改革基督教派以及制定民法。君士坦丁大帝重建政治中心，大规模扩建古城，将其重命名为君士坦丁堡，并定位首都。而这座曾经是世界上最大的城市矗立于历史潮流中，被赋予了更深刻的含义，直到1453年君士坦丁堡仍然是东罗马帝国的首都。君士坦丁大帝是罗马帝国第一位信仰基督教的君主，可见他在统一宗教信仰上发挥了多大的作用，君士坦丁召开会议通过了《尼西亚信经》，这本书宣扬正统的基督教学说，也结束了当时关于宗教信仰的论战。另外，君士坦丁制定的民法也有深远的影响，他所创建的法律奠定了中世纪整个欧洲社会结构的基础，例如他颁布的禁止佃农离开租种的土地的法令，就是变相地将佃农绑在土地上，成为农奴。

君士坦丁堡，从公元330年由罗马帝国皇帝君士坦丁一世主持建成，到1453年陷落并更名为伊斯坦布尔，共经历了1123年时间，其间至少有23次被围攻的经历，这座千年之城也就有了“不死”的神话。

君士坦丁堡的城墙是帝国的永久性屏障，和圣索菲亚大教堂一样，具有了神性。城墙汇聚了古代世界城墙防御的智慧结晶，几乎可以称为艺术品，但当冷兵器时代的城防工事遇到火药以及随之而来的巨炮的时候，这个“不死”神话破灭了。1453年的世界也处于革命性的转折点，它是中世纪走向近代的先声，从那个时候起，欧洲开始大航海运动，偏居一隅的欧洲开始塑造世界。

四帝共治制

公元284年，罗马帝国内乱不断，外敌也纷纷入侵，而且军人专横，干预皇帝废立。新皇帝戴克里先上任后，自知一人无力对付奴隶起义及异族入侵，于是把罗马帝国西半部

事件	地区	时间（年）
科学家张衡建造地动仪	亚洲	132
罗马镇压犹太人起义	欧洲	133
罗马继续扩张	欧洲	2世纪

时间(年)	地 区	事 件
217	欧洲	罗马卡拉卡浴室建成使用
267	欧洲	哥特分裂为西哥特与东哥特
284	欧洲	罗马“三世纪危机”不断加剧
292	欧洲	四帝共治制被正式推行

（即意大利、西班牙、高卢、不列颠、中欧、北非）交由其好友马克西米安管治，自己则管治罗马帝国东半部（即巴尔干半岛、小亚细亚、巴勒斯坦、叙利亚、黎巴嫩、约旦、埃及）。两人也分别设立副职，并由四人合治国家，史称“四帝共治制”。

戴克里先称帝后，将元首制改为君主制。君主头戴皇冠，身穿名贵丝袍，浑身上下金银珠宝，臣民需对君主行跪拜礼。另外，君主被当作神来崇拜，比如戴克里先就自称朱庇特化身。另外，戴克里先实行四帝共治，东西部各有两帝，一为正职，称奥古斯都，一为副职，称恺撒，最高权力属戴克里先。并且规定，副职为正职的养子和女婿，正职在位二十年，要让位给副职。

就这样，东方奥古斯都戴克里先驻尼科米底，统治色雷斯、亚细亚、埃及和本都，恺撒伽列里乌斯驻塞萨洛尼基，统治马其顿、默西亚。西方奥古斯都马克西米安驻米兰，统治意大利、雷蒂安、伊利里亚和阿非利加，恺撒君士坦提乌斯一世驻特里尔，统治不列颠、高卢和西班牙。戴克里先还缩小行省的规模，划分了 100 多个行省，并设立了行政区，10 多个行省为一行政区，地方总督不任军职。

戴克里先大帝头像

戴克里先改革军事，将军队分为边防军和巡防军，边防军用于抵抗外部入侵，巡防军用于镇压人民起义和造反的军队。他还缩小军团规模，增加军团数量，以便调度。由于戴克里先四分帝国，每个皇帝都拥有大量士兵，这大大加重了帝国的经济负担。所以，戴克里先又实行新税制。人头税方面，规定成年男子为一头，女子为半头；土地税方面按粮田或果园的类型以及面积征税，城市居民方面按各种行业征税。另外，官吏、退役老兵、奴隶免税。为了保证税源，戴克里先颁布法律，不许农民自由迁徙以及手工业者、商人等不得改行，甚至规定必须子承父业。戴克里先还改变币制和调整物价，但都不成功。

公元 293 年，戴克里先正式推行四帝共治制，并任命自己为东部帝国主皇帝，马克西米安为西部帝国主皇帝。皇帝权位正式一分为二。两帝分别建立新都，无一人以罗马为首都。当两位主皇帝统治帝国的权力被增加时，罗马元老院的权力被进一步削减至只局限于前首都罗马境内。

《米兰敕令》与基督教

《米兰敕令》是欧洲历史上第一个具有宗教宽容色彩的敕令，《米兰敕令》的主要内容包括两部分，一是允许国内的人民自由地信仰基督教，二是停止对基督教采取的限制发展策略。

《米兰敕令》的主要内容中最重要的一个方面，就是宗教宽容。在《米兰敕令》颁布之前，欧洲的上层贵族对于基督教都是采取限制发展策略的，但是《米兰敕令》颁布之后，聪明的君士坦丁大帝开始利用基督教强大的吸引力来巩固自己的统治，使得基督教派迅速壮大。《米兰敕令》让人们自由地选择信仰或者不信仰基督教，并且保护他们的宗教信仰自由。

所以《米兰敕令》颁布之后贵族再也没有合法理由对基督教采取限制策略。

总的来说，《米兰敕令》是世界历史上少见的宗教宽容敕令，保证了罗马帝国的统一和安全。《米兰敕令》的主要内容虽然简单，但是影响非常深远，促成了日后罗马帝国的强盛和基督教派的进一步发展。

《米兰敕令》维护了罗马帝国的统治，基督教在君士坦丁统治时期四处传播。最开始

事件	地区	时间（年）
西晋灭吴，中国统一	亚洲	280
《米兰敕令》颁布	欧洲	313
制定“尼西亚信条”确定“三位一体”基督教教义	欧洲	323

时间（年）	地区	事件
440—443	欧洲	匈奴王阿拉提攻掠巴尔干半岛，包围君士坦丁堡
449	欧洲	盎格鲁—撒克逊人入侵不列颠
452	欧洲	阿拉提进攻意大利半岛
453	欧洲	阿提拉骤逝，匈奴帝国瓦解

罗马帝国对基督教采取限制策略，但是后来发现基督教可以为己所用，于是就大肆宣扬基督教的好处，鼓励人民信仰基督教，并且相信基督教派中的理论，使得基督教逐渐壮大成为罗马的国教。

在《米兰敕令》发布之后，罗马帝国那些想信仰基督教却又不敢信仰的民众得到了很大的宽慰，他们对于国家感恩戴德，所以在一定程度上巩固了社会秩序，也维护了国家的统治，使得罗马帝国之后很长一段时间都处在强盛时期。

西罗马帝国的灭亡

公元 408 年，罗马城陷入了前所未有的恐慌。城外，剽悍的哥特骑兵挥舞着长刀，围绕着罗马城呼啸而过。站在城墙上的元老们目睹这个情景，却是一筹莫展。哥特人这时已经占领了罗马的港口奥斯提亚，断绝了罗马的粮食来源，饥饿与瘟疫让罗马变为一座死城。

罗马军队已不复当年之勇，他们的勇气和战力早就被长期以来的奢靡生活侵蚀得一干二净。唯一的办法就是求和，罗马的使者出城去见指挥哥特大军的亚拉里克。

亚拉里克答应求和的条件是交出罗马城内全部的金银财宝。亚拉里克对罗马派出的求和使者说：“出征前我对妻子说，我要打进罗马，把城里的贵妇送给她当奴婢，把她们的财宝送给她做礼物。”他的话如此轻蔑，使者忍不住反问他打算把什么留给罗马市民。亚拉里克似乎很大气地回答说，他可以保全城里所有人的性命。使者再也无法忍受，昂然大声说道：“城里还有很多人，士兵们每天都在操练，我们会拼死抵抗，绝不会让你轻易得逞。”亚拉里克哈哈大笑说道：“那更好！草长得越密，割起来就越省力！”

使者回到罗马城里，元老们商议后还是与亚拉里克达成了协定，罗马人交出大量黄金、白银、绸料、皮革及胡椒，哥特人这才撤除包围。

罗马帝国的衰落

但和平只是暂时的。公元410年，哥特人再次进攻罗马。亚拉里克率领勇猛强悍的匈奴和哥特联军，攻进罗马城。于是，罗马城下战马嘶鸣、军器碰撞和攻城的呐喊声响成一片，而城里却是一片死寂，罗马人默默等待死神来临。

在一个雷电交加的夏夜，亚拉里克骑在马背上，向士兵们宣布："进攻罗马，破城后，可以任意抢劫三天！"穿着兽皮的哥特人发出了惊天动地的呐喊和欢呼。攻城进展得十分顺利，罗马奴隶打开了城门，哥特人冲进了罗马城，进行三天三夜的洗劫。攻城后不久，亚拉里克突然死去。由于亚拉里克突然病死，哥特人远征的计划因而没能实现。公元419年，哥特人在西班牙北部建立了西哥特王国，这是出现在罗马帝国版图中的第一个日耳曼国家。从此之后，在西罗马帝国广大的领土上，东哥特人、汪达尔人、法兰克人、勃艮第人及盎格鲁~撒克逊人陆续建立起一个个王国。西罗马帝国的版图日渐缩小，这些民族的王国就是现今欧洲一些国家的前身。到了公元5世纪中叶，意大利本土遭到阿提拉所率领的匈奴大军侵扰。公元455年汪达尔人再度洗劫罗马，城里的文物被破坏殆尽，只剩下7000多个居民。罗马帝国逐渐崩溃，尽管皇帝仍然存在，但不仅没有过问政治的权力，就连自身命运也完全操纵在他族的将领手中。公元476年，日耳曼人首领奥多亚克废黜登基不到一年、只有6岁的西罗马帝国末代皇帝罗慕路斯，宣告西罗马帝国彻底灭亡。

至此，欧洲历史进入实行封建制度的中古时代，也就是中世纪。

事件	地区	时间（年）
开凿云冈石窟	亚洲	460
历算家祖冲之撰写完成《大明历》	亚洲	462
西罗马帝国灭亡，欧洲进入中世纪	欧洲	476

时间（年）	地　区	事　件
482	亚洲	南齐武帝即位
494	亚洲	龙门石窟约于此时开始建造
495	亚洲	北魏孝文帝改革开始

墨洛温王朝

墨洛温王朝的创始人是克洛维，他的祖父是日耳曼一个部族的酋长，叫作墨洛维，因此这个部落被称为“墨洛维的儿子”，用拉丁文表达就是“墨洛温”，因此这个王朝被称为“墨洛温王朝”。

在克洛维超强的个人能力带领下，他的部族击退了周边的其他蛮族，占领了高卢的大部分地区，并于公元481年建立了法兰克王国的第一个王朝——墨洛温王朝。

由于克洛维迎娶的勃艮第公主是个虔诚的天主教徒，因此克洛维的儿子们生下来就接受了洗礼。

在克洛维征战的过程中也出现过一些以少胜多、反败为胜的奇迹，克洛维认为是基督的力量助他一臂之力，因此克洛维率领手下一起接受了天主教的洗礼。

被他击退的主要蛮族西哥特人，被赶到了比利牛斯山以南，也就是西班牙。

西哥特人信仰的是被罗马天主教视为异端的阿里乌斯派，因此法兰克王国得到了罗马天主教廷的重视。

这里要补充说明一下基督教世界中异教和异端的区别。

异教与基督教信奉的不是同一个神——比如古罗马的多神教，信奉朱庇特、朱诺等，所以古罗马多神教是异教。

克洛维一世洗礼

克洛维皈依基督教

异端与基督教都信奉同一个上帝，但是由于不同流派在一些具体教义解释上有不一样的理解，而被罗马天主教廷视为异端。

更进一步解释，阿利乌斯派认为耶稣是人不是神，但是罗马天主教廷认为耶稣既是人又是神。阿利乌斯派在君士坦丁时期就被宣布为异端，罗马天主教被认定为正统的基督教派。

当阿利乌斯派被作为异端流放后，这些被流放的传教士将他们的观点和学说带到了哥特人生活的地区。

话题回到法兰克人克洛维身上。由于具有和罗马教廷一样的信仰，克洛维为将来法兰克与罗马教廷的合作创造了无限可能，我们将在距离他 250 年后的法兰克第二个王朝——加洛林王朝身上看到功效。

目光回到墨洛温王朝。

克洛维统一法兰克立了大功，皈依罗马天主教为法兰克王国的将来立了大功，他还做了一件事：编撰了对法国后世法律界影响颇大的《萨利克法典》。

克洛维于公元 511 年逝世，该王朝被他四个儿子瓜分，最终被克洛塔尔统一。

不是因为克洛塔尔有多么能干，而是因为他比其他几个哥哥都活得久。公元 558 年的时候，他的哥哥们都去世了，因此克洛塔尔成为法兰克王国第二个将王国进行统一的国王，此时的法兰克已占领了勃艮第和普罗旺斯。

克洛塔尔的晚年过得很不平静，他的一个儿子开始率兵反抗他的统治，他将这个儿子的反叛镇压了，并将这个儿子及其家人烧死在一个小木屋中。

也许是杀死自己儿子让他深深后悔与心痛，不久之后的公元 561 年他便与世长辞。

事件	地区	时间（年）
南齐废帝萧宝卷即位	亚洲	498
南梁建立	亚洲	502
朝鲜半岛南部的徐罗伐定国号“新罗”	亚洲	503

第四章　封建制的确立与兴起

法兰克王国

罗马帝国因为面积太大，导致本身的军事力量无法保障其所有边境的安全，于是罗马人允许一些友好的民族在其边境驻扎，来帮助维持边境安宁。公元 4 世纪初，法兰克人就是以同盟者的身份，定居在罗马帝国境内高卢的东北角。后来罗马帝国开始瓦解时，法兰克人乘机扩大地盘。

公元 486 年，法兰克人在克洛维一世的带领下打败了罗马帝国在高卢地区最后的统治者，建立法兰克王国，并以自己祖父的名字命名——墨洛温王朝。本来克洛维只是众多法兰克小国王中的一个，但是他依然接受了罗马管理机构，后来把其他法兰克小王国都消灭了，最后建立了一个日耳曼人 - 罗马人的国家。

克洛维在扩张过程中，没收被杀或逃亡地主的土地，据为己有，然后将土地赠送给其他的贵族来收买人心，后来逐渐演化为采邑制。克洛维皈依了基督教，从而获得了天主教教会的支持，从而使得法兰克人受到了当地的高卢人和罗马人的支持。

法兰克王室采取死后诸子平分领土的继承制度，在克洛维死后，他的王国被四个儿子瓜分。之后就开始了各种内乱，封建主势力的强大削弱了王权，导致权力逐步落入掌握宫廷事务的宫相查理・马特的手中。

公元 719 年，国内再次发生内乱，查理・马特获胜。后来他战胜了阿拉伯人、弗里斯兰人、撒克逊人、巴伐利亚人和阿勒曼尼人，这些胜利进一步巩固了他的统治。公元 737 年法兰克国王死后，他成为帝国的唯一统治者。不过他还没来得及篡位就死了。他死后，新一轮的王位争夺又开始了，最后丕平三世获胜，他的兄弟和法兰克王国的最后一位墨洛温王朝国王被迫进入修道院，加洛林王朝开始。

事件	地区	时间（年）
克洛维逝世	欧洲	511
凯尔特传说中的亚瑟王即存在于此时	欧洲	6 世纪初

时间（年）	地区	事件
6 世纪初	亚洲	波斯萨珊王朝进入鼎盛时期
532	欧洲	尼卡起义爆发
534	亚洲	北魏分裂为东魏和西魏

在丕平的治理下，加洛林王朝无论在经济上还是政治上都很强大。他死后，王国被两个儿子查理和卡洛曼继承，后来卡洛曼于公元 771 年逝世，查理成为王国唯一的统治者。公元 774 年他占领了整个伦巴底王国，785 年萨克森公爵威德金特臣服于查理。

为了巩固封建国家的统治，查理在边界建立一系列边界地区，这些地区是国家的防卫缓冲区和进攻集合区。这些边界地区被分给有特权的伯爵。公元 800 年圣诞节，查理在罗马被利奥三世加冕为皇帝，这是他权力的顶峰。

查理大帝死后不久，王国陷入混战。公元 843 年，洛泰尔一世、秃头查理和日耳曼人路易签订了《凡尔登条约》，法兰克王国被分裂为西法兰克王国（公元 843—987 年）、中法兰克王国（公元 843—855 年）和东法兰克王国（公元 843—911 年）三国。公元 870 年，东、西两个法兰克王国签订《墨尔森条约》，瓜分了中法兰克王国的大部分，剩下的那一小部分，成了现代意大利的雏形；东、西两个法兰克王国则分别奠定了德意志第一帝国和法兰西王国的国家基础。

尼卡起义

公元 359 年，罗马帝国皇帝去世后，罗马帝国被分为东、西两个帝国。西罗马帝国的首都仍在罗马，东罗马帝国定都君士坦丁堡，它原名拜占庭，所以又叫拜占庭帝国。

君士坦丁堡的地理位置非常重要，位于亚、欧两洲的交界处，扼守从黑海进入地中海的大门。当西欧陷入混战的时候，东罗马帝国的国力依然强盛，当时君士坦丁堡有 80 万人口，是世界上最大的城市之一。其海外贸易非常发达。城堡内的建筑辉煌壮丽，城内一片繁华。

但是作这样繁华的君士坦丁堡，很多手工业者和城市的贫民依然过着悲惨的生活。在君士坦丁皇帝和贪官污吏的统治下，他们艰难地生活着，没有政治权利，也没有娱乐活动，除了马车比赛。

这项马车比赛，上到王孙贵族，下到平民百姓，都非常喜欢。只有在马车比赛的时候，群众才可以放声大叫，以此表达对皇帝的不满。马车被分为蓝色、绿色、红色，人们可以支持不同的队。后来慢慢演化为支持不同的政治派别，逐渐分成了蓝党和绿党，每次比赛他们都争论不休。

“蓝党”的名字取自大海的颜色，最初的参加者都是海员，后来也有市民、大贵族和元老院议员加入，他们支持皇帝的中央集权。“绿党”的名字取自春天原野的颜色，其成员大多是农民还有大商人和高利贷者，他们主张地方自治。

公元 532 年，皇帝查士丁尼带着皇后和文武百官来参加赛车会。皇帝属于蓝党，所以绿党的群众就向他高喊“尼卡！尼卡！”（胜利的意思），来表达对皇帝的不满。更多平日备受欺压的群众都纷纷站起来，振臂高呼打倒贪官污吏的口号，场面马上要失控了。

皇帝查士丁尼见状，急忙下令让卫兵逮捕了几个带头的群众，并下令绞杀他们，这一行为激怒了全体群众，他们都起来，疯狂地高喊“尼卡，尼卡！”，冲上前去与士兵开始搏斗。愤怒的群众冲出赛车场，拿着刀枪火把，向政府、教堂和贵族的房屋冲去，四处点火。他们还冲进监狱，释放了所有被关押的老百姓。

他们围着皇宫高声呼喊，要求处死那些臭名远扬的大贪官。皇帝没法，只能把那几个贪官免职，但是群众还是继续围着皇宫。看到局面混乱，皇帝准备带着财宝逃跑时，被皇后拦了下来。

皇后派太监总管带着现金去蓝党住宅区，收买该党领导人支持皇帝，又派兵抵达赛马场，开始对场内的民众发动血腥的屠杀。大约 4 万名群众被杀害，君士坦丁堡成了人间地狱，“尼卡”起义就这样失败了。查士丁尼的镇压改变了罗马公民参与政治的传统，甚至连赛车这种传统的体育活动后来也逐渐被取消了。

事　件	地　区	时间（年）
汪达尔王国被拜占庭帝国灭亡	欧洲	534
西魏创立府兵制	亚洲	542
农书《齐民要术》撰成	亚洲	544

时间（年）	地区	事件
548	亚洲	“侯景之乱”爆发
550	亚洲	北齐建立
约6世纪中叶	欧洲	阿瓦尔人始见于东欧史籍

圣索菲亚教堂

君士坦丁大帝为了供奉智慧女神索菲亚，在公元325年就特别为她修建了教堂，只是后来在战乱中受到损害。公元360年，君士坦提乌斯二世启用第一所教堂，也称“大教堂”。不幸，大教堂后来在暴乱中毁于一旦，目前已经彻底消失。

公元415年，狄奥多西二世下令兴建的第二所教堂落成。公元532年，在尼卡起义中，这所木制屋顶的教堂，被一场大火烧成灰。查士丁尼皇帝为标榜自己的文治武功，在第二所教堂被烧毁后仅仅几天就决定兴建第三所大教堂，这所教堂比前两所更宏伟。

查士丁尼任用物理学家伊西多尔和数学家安提莫斯为建筑师（安提莫斯在随后一年内就逝世了），将全国各地的物料都运送到君士坦丁堡，包括以弗所阿耳忒弥斯神庙的古希腊圆柱、埃及的斑岩、色萨利的绿色大理石及叙利亚的黄石等。参与建造工作的人数超过1万。

建筑师们采用了希罗的理论，在广大的空间之上建造巨大的圆顶。公元537年教堂建成时，皇帝与牧首梅纳斯一起参与了盛大的落成仪式。后来遇到地震，导致主圆顶彻底倒塌，负责修复的是伊西多尔的侄甥伊西多拉，他使用了较轻巧的物料，将圆顶提高了6.25米，使得教堂内部的高度达到了现在的55.6米。

圣索菲亚大教堂

阿亚索菲亚清真寺

圣索菲亚大教堂成为拜占庭帝王仪式的首要场地，像加冕典礼都在这里举行。公元 726 年，拜占庭皇帝利奥三世开始了一系列的抵制圣像崇拜的运动，导致圣索菲亚大教堂内的所有宗教画像及雕像被移除。

公元 859 年，大教堂遭到大火的破坏，后来又遭遇了地震，致使一个半圆顶倒塌。公元 989 年又遭遇强烈的地震，导致大教堂的大圆顶遭到破坏，修复工作持续了 6 年，直到 994 年教堂才重开。

1453 年，奥斯曼土耳其人征服君士坦丁堡后，把圣索菲亚大教堂转换成阿亚索菲亚清真寺，那时教堂已相当残破，多道门窗都剥落了。1935 年，土耳其第一任总统及国父穆斯塔法·凯末尔·阿塔图尔克将圣索菲亚大教堂变成了博物馆。1985 年，圣索菲亚大教堂所在的伊斯坦布尔文化区被联合国教科文组织选为世界文化遗产。

圣索菲亚大教堂的独特之处是在平面上采用了希腊式十字架的造型，在空间上则创造了巨型的圆顶，而且在室内没有用到柱子来支撑，而是采用了工程师的以拱门、扶壁、小圆顶等来支撑和分担重量的设计。内部的装饰除了各种雕刻，还运用了有色大理石的马赛克拼图。

事件	地区	时间（年）
北齐建立	亚洲	550
东哥特王国被拜占庭帝国灭亡	欧洲	554
北周建立	亚洲	557

时间（年）	地区	事件
6世纪	亚洲	笈多王朝解体，北印度分裂
568	欧洲	阿瓦尔汗国建立
581	亚洲	文学家庾信去世

《罗马民法大全》

颁布《查士丁尼法典》

为了总结古罗马的统治经验，整理罗马法，公元526年，东罗马帝国皇帝查士丁尼一世下令由法学家特里布尼厄斯组织一个专门委员会开始编纂一部汇编式法典，这就是《罗马民法大全》，又称《查士丁尼法典》或《国法大全》。

《罗马民法大全》是罗马法的集大成者，该法典由四部分组成，分别为法典、学说汇纂、法学阶梯以及新律。公元529年，《查士丁尼法典》颁布实施，共计分为12卷，卷下分目，每目按年代顺序排列敕令的摘录，上面标出颁布敕令的皇帝的名字和接受人的姓名，敕令的末尾注明日期。

公元530年，查士丁尼再度任命特里布尼厄斯为主席，其他16位有名望且博学的法学家及教授为委员，共同将历代著名的罗马法学家的著作，进行搜集、整理，编成了《查士丁尼学说汇编》，共计50卷。

公元533年，《查士丁尼法学总论》编写完成，共分4卷，卷下分目，辑录了历代法学家的论文，简要阐明法学原理，是学习罗马法学原理的简要教材。

公元565年，法学家把查士丁尼皇帝在法典编完以后又陆续颁布的168条新规汇编成集，称为《查士丁尼新律》。内容主要是行政法规，其中包含遗产继承制度方面的规范。

《罗马民法大全》是欧洲历史上第一部系统完整的法律文献，对以后欧洲各国的立

伟大的《罗马民法大全》

法都有着重要的影响。它也是世界法律文库中的瑰宝，对后世法律的影响极大。它奠定了后世法学尤其是大陆法系民法典的基础，是法学研究者不可或缺的重要资料之一。

《罗马民法大全》的颁布标志着罗马法已经发展到完备阶段，它保留了罗马人在法学方面的创造成果，对人的行为做出详细的法律规范。它的出现为调解复杂的社会矛盾提供了法律手段，成为维系东罗马帝国统治的有效工具。

《罗马民法大全》具有资本主义发展初期所需要的现成法律形式，是现代资本主义法制的先声。英国的《权利法案》，美国的《独立宣言》，法国的《人权宣言》都是以此为基础。

伦巴底王国

伦巴底人是日耳曼人的一支，起源于斯堪的纳维亚半岛南部，公元 1 世纪时他们从该处迁居于今德国西北部，那时他们主要过着一种定居的畜牧生活；4 世纪时，他们开始大规模地向南迁徙；5 世纪末时，他们已经迁移到多瑙河北岸；6 世纪时，他们到达潘诺尼亚。

公元 541 年，意大利发生了大规模的瘟疫，后来又发生了哥特战争，导致意大利的人口损失比其他地区更为严重，意大利的大部分地区已经荒无人烟，仅剩的人口又大量涌入

事件	地区	时间（年）
隋朝建立，创立三省六部制	亚洲	581
隋朝颁布《开皇律》	亚洲	581
突厥分裂为东、西两部	亚洲	583

时间（年）	地　区	事　件
590	欧洲	教皇格里高利一世即位
598	欧洲	坎特伯雷大教堂开始建造
610	欧洲	拜占庭皇帝希拉克略即位

城市。意大利的虚弱被伦巴底人看在眼里，公元568年春天，在阿尔博因的领导下伦巴底人越过阿尔卑斯山进入意大利北部。

公元569年，他们已经征服了波河以北除了帕维亚的所有主要城市，并占领了意大利半岛的中部和南部地区，米兰也失陷了。经过三年的围攻，公元571年伦巴底人攻陷了帕维亚，并以此为首都建立了自己的伦巴底王国。

潘诺尼亚

公元584年，经过皇帝莫里的改革，意大利的行政构架已经彻底改革，帝国联合阿瓦尔人和法兰克人，准备展开对伦巴底人的军事行动。这一年，伦巴底的公爵拥立克莱夫之子奥塔里为国王。

奥塔里即位后，为了瓦解东罗马帝国的联盟，承诺限制伦巴底公爵对法兰克人骚扰和掠夺，并以金钱换取与法兰克人的和平，并且与法兰克国王的妹妹订婚。他又通过外交手段瓦解了阿瓦尔人与帝国暂时的联合。为安抚被占据地区的罗马人，奥塔里归还了部分教会地产，减轻他所控制领地内罗马人的负担。

国王奥塔里

公元590年，奥塔里死后，杜林公爵阿吉卢尔夫继任国王，并娶了奥塔里的遗孀狄奥多琳达。阿吉卢尔夫延续奥塔里的政策。公元592年，伦巴底王国出兵罗马，在入侵中杀死大批罗马显贵，没收了许多大、中奴隶主和教会的地产，从而促进了意大利北部奴隶制生产关系向封建制生产关系的转化。

伦巴底的军事贵族在夺占大量土地后，成为大地产所有者。国王罗塔里于公元643年主持编纂了《伦巴底法典》，法典促进了伦巴底人封建关系的形成，是研究公元6—8世纪伦巴底人的生活习俗、国家机构、司法制度、社会经济关系和阶级状况的重要资料。

公元700年，一个新的王朝取得了王位。公元727年，国王留特普兰德颁布一系列法令，强化了王权。随后，伦巴底加强对外贸易，积极扩张，势力达到意大利中部，公元751年夺取拉文纳，并企图夺取教皇驻地罗马城。应罗马教皇斯蒂芬二世之请，法兰克国王丕平于公元754年和756年两次远征意大利，击败伦巴底人，夺回拉文那，交还教皇。

公元773年，法兰克人围困了伦巴底王国的首都，774年，查理曼大帝俘获伦巴底国王，兼为法兰克和伦巴底的国王，伦巴底人对意大利的统治自此结束。

日本大化革新

日本的最高统治者是天皇。公元6世纪时，新兴的苏我氏强大起来，打败物部氏获得了中央控制权，并且扶植有利于自己的天皇。

苏我氏的不可一世，导致下面的中小贵族也开始疯狂地兼并土地，残酷地剥削部民，让土地和财富越来越集中，激化了社会矛盾，逼得奴隶、部民、贫民纷纷起来造反。整个社会一片混乱，统治阶级也不得不考虑变革。

公元645年，中大兄皇子联合中臣镰足等人在接见三韩使者的仪式中，突然拔剑刺

事件	地区	时间（年）
唐朝建立	亚洲	618
唐太宗李世民即位	亚洲	626
日本开始派遣“遣唐使”来到大唐	亚洲	630

时间（年）	地区	事件
646	亚洲	日本颁布《改新诏书》，天皇集权国家开始形成
651	亚洲	萨珊王国被阿拉伯人所灭
690	亚洲	武则天称帝

杀了苏我氏的代表人物苏我入鹿，发动了政变。接着中大兄皇子又废黜了苏我氏拥立的天皇，改立中大兄的舅舅轻王子继位，被称为孝德天皇，并效仿中国，建年号“大化”，迁都难波（今大阪）。新政府的制度以唐代律令为蓝本。

大化时期修建的大阪建筑

公元646年，新政权颁布了《改新诏书》，开始实行政治改革，从此日本从奴隶制社会过渡到了封建社会。大化革新的主要内容有四个方面：

一、废除皇室和贵族的私有土地和部民，全部收归国家，实行公地公民制，但是保留了朝廷的手工业部民。对大夫以上高官贵族赐予食封。

二、改革统治机构，确定了中央、地方的行政规划和组织，建立京师和地方行政机构（国、郡、里），设置关塞、防人（戍边军）及驿站，各置职官，官吏由国家任免，废除世袭制。

三、造户籍、记账（赋税簿账），施行班田收授法，统定班给人民土地和应负租赋的数额。

四、改革税收制度，施行租庸调新税法及向皇室献纳仕丁、采女的制度。

为了能让改革顺利进行下去，公元701年新政权又发布了《大宝律令》，使改革以法律的形式固定了下来。大化革新前后经历了约半个世纪，各种纲领在实施中也不断完善和修改。大化革新后，大和正式改名为“日本国”，意思为“日出之处的国家”。

经过改革，在经济方面日本废除了部民制，建立起封建土地国有制；在政治方面，废除了贵族的世袭特权，建立以皇权为中心的中央集权国家；在军事上，实行征兵制，在京师设立了五卫府，在地方设军团，所有军队一律归中央统一指挥。

日本的大化革新，确立了一套在当时较为先进的管理体制，它解放了部分生产力，使日本的统治制度得以完善，为日本国家的未来发展指明了方向。

加洛林王朝

丕平生活在混乱不安的时代，那时只要有能力就能有出头之日。他依靠自身卓越的军事才能，获得了军队的支持，于是推翻了部落里的旧王，成为新王。此时，伦巴底人开始入侵法兰克王国的边境，丕平率兵反击。

进过艰苦的作战，丕平最终打败了伦巴底人，于是公元751年，在罗马教皇的支持下，丕平正式坐上法兰克王国的王位，建立了加洛林王朝。

公元768年，丕平逝世，法兰克王国被他的两个儿子卡洛曼和查理平分，不过771年卡洛曼就死了，于是查理获得了整个法兰克王国的统治权。查理经过连年征战，控制了西欧大部分地区，建立起庞大的帝国，并于公元800年由罗马教皇加冕称帝，史称查理大帝。查理死后，帝国走向解体。

加洛林王朝的壁画

加洛林王朝崛起得快，没落得也很快。查理的儿子路易一世继位时还可以维持，不过内乱加剧。查理大帝的子孙们互相厮杀，互相仇恨。同时，教士的权利与日俱增。

事件	地区	时间（年）
埃及逐渐信奉伊斯兰教	非洲	7世纪末
诗人李白出生	亚洲	701
诗人杜甫出生	亚洲	712

时间（年）	地区	事件
8 世纪初	亚洲	伊斯兰教开始传入中国
741	欧洲	查理出生
750	亚洲	阿拉伯阿拔斯王朝建立
796	欧洲	开始建造亚琛大教堂

到了公元 843 年，他的三个孙子签署《凡尔登条约》，将统一的帝国一分为三：东法兰克、中法兰克和西法兰克三个部分。查理帝国最后一个皇帝，也于公元 887 年被废黜。东法兰克（德意志）的加洛林王朝于公元 911 年终断，西法兰克（法兰西）的加洛林王朝于 987 年告终。至此，加洛林王朝结束。

查理大帝

作为矮子丕平的儿子，查理 12 岁就跟随父亲到处作战，很小的时候就显示出军事上的才能。公元 771 年，查理的弟弟卡洛曼去世，其弟媳带着儿子逃回伦巴底王国，以寻求“保护”。公元 773 年，查理收到新任罗马教皇的信，请他帮忙抵御伦巴底王国的进攻。查理感觉良机到来，便亲率大军进攻伦巴底。

这次出征，查理满怀斗志，他头戴铁盔，左手高擎铁矛，右手握着无敌的铁剑，骑着铁黑色的战马。整支大军都仿效他的穿戴，这样装备精良的铁军，怎么会失败呢?

击败伦巴底后，不仅法兰克王国版图又扩大了，还获得了教会的支持。查理执政后，在位 46 年，发动了 55 次征服战争，武功赫赫，极大地拓展了法国的疆域。在数十年的征战中，他掠夺了大量的金银珠宝，使当时贫穷的法国，一跃成为极其富裕的国家。

公元 800 年的圣诞节，教皇利奥三世在圣彼得大教堂里，把一顶皇冠戴在查理的头上，宣布他为罗马人的皇帝。这意味着，教权与王权开始共同统治欧洲，查理被后世尊称为“欧洲之父”。他凭借自己的雄才伟略，将法兰克王国推向了顶峰。

不过为了征服撒克逊人，查理以开会为名，一举逮捕了 4500 名撒克逊贵族，并在一天之内将他们杀个精光，一时血流成河。这就是著名的“凡尔登惨案”。19 世纪，一位法国学者指出：“历史上有许多被记录在案的恐怖事件，但几乎没有一件比凡尔登大屠杀更可怕。

查理大帝

这一事件是而且永远是查理的名声中难以洗刷的污点，是他一生中最可恶的耻辱。”

公元 814 年，天气极为寒冷，查理坚持外出打猎，感染风寒，在宫中逝世，时年 72 岁。临死前，他在胸前画了一个十字，说道：“进入您的手中，哦，上帝，我交出我的灵魂。”

作为欧洲历史上赫赫有名的君主，查理大帝做了很多造福后代的事情。当时的欧洲处于黑暗的中世纪，法国民众大多目不识丁，就连贵族也很少识字。他开办宫廷学校，让穷人、富人的孩子都来读书；他要求教会、修道院大量搜集、抄写和宣传古罗马、古希腊的文稿，为保存、传播古典文化做出了杰出贡献；他为黑暗之中的欧洲带来了文艺复兴的曙光。

在查理大帝的努力下，公元 8—9 世纪的欧洲出现了一次文艺复兴，也被称为“欧洲的第一次觉醒”，后代的历史学家和宗教史学家称之为“加洛林文艺复兴”。虽然此后欧洲不停的战争和日益禁锢思想的教会打断了加洛林文艺复兴的进程，但它的思想流动于中西欧各民族的血液之中，当然也包括德意志民族。

《凡尔登条约》

路易一世本来已经决定把帝国让给第一个妻子所生的三个儿子，不过却从公元 829 年开始反悔了，他想把大部分的领土分给第二任妻子生的小儿子，于是引起了长子的数次反叛。

在路易一世死后，他的大儿子洛泰尔于公元 840 年即位。翌年，路易一世的另两个儿子日耳曼人路易和秃头查理为了获得权力，开始结成联盟，共同反抗洛泰尔，内战开始爆

事件	地区	时间（年）
查理称帝	欧洲	800
查理病逝	欧洲	814
签订《凡尔登条约》	欧洲	843

时间（年）	地区	事件
874	亚洲	黄巢起义爆发
876	欧洲	丹麦人建立约克王国
927	欧洲	英格兰王国建立
960	亚洲	北宋建立

发。公元842年，洛泰尔战败求和，次年，三方在凡尔登签订《凡尔登条约》。

根据条约，加洛林王朝被一分为三。洛泰尔仍承袭帝号，并分得意大利中部和北部以及莱茵河和阿尔卑斯山以西、埃斯科（斯海尔德）河、默兹河、索恩河和罗讷河以东地区，称中法兰克王国；日耳曼人路易分得莱茵河以东地区，称东法兰克王国；秃头查理分得洛泰尔领地以西地区，称西法兰克王国。

秃头查理画像

该条约所划分的疆界经过公元870年《墨尔森条约》的重新调整，大体上确定了近代意大利、德国和法国三国领土的雏形。所以说《凡尔登条约》奠定了法国、德国和意大利三个国家疆域的基础。

中法兰克王国没有形成一个牢固的政治实体，在此后的历史中，一直是法德两国争夺的对象，最后法国得到了南部和中部的大部分土地，德意志神圣罗马帝国则保留了莱茵河左岸地区，北意大利先后由神圣罗马帝国、奥地利帝国统治，1861年意大利统一成立意大利王国。

瓜分后剩下的部分构成后来的瑞士、比利时、荷兰和卢森堡的领土。查理曼帝国的瓦解奠定了近代西欧诸国的基础。

法国卡佩王朝建立

在路易四世统治东法兰克王国时，大雨果是国内最有权势的贵族和摄政，大雨果死后，雨果·卡佩继承了大雨果的地位。公元987年，卡洛林家族的国王路易五世死后无嗣，雨果·卡佩加冕为王，此后，卡佩家族一直统治着法国，开启了卡佩王朝。

王朝建立的初期，王室领土狭小，只有塞纳河和罗亚尔河中游包括巴黎和奥尔良在内的分散领地。但是得益于其家族超强的生育能力，连续11代都有男性后裔，使得该家族可以用好几百年的时间巩固自己的地位。

从11世纪末起，路易六世就致力于巩固法国的政权。在法国，他与有独立倾向的诸侯做斗争，并取得了最终的胜利。他给城市居民以自治权，让城市居民在他与贵族进行斗争时，站在他的一边。依靠市民和教会的支持，路易拆毁了诸侯的城堡，并强制在他们的领地上驻扎忠于王室的卫队，最终将卡佩王朝与城市的利益结合在一起，巩固了王朝的政权。

1180年，年仅15岁的腓力与埃诺伯爵之女结婚，阿图瓦作为嫁妆被并入法国王室领地，终于让王室领土得以扩大，也让他的羽翼渐丰。

1202年，腓力宣布取消英王在法国领土上的领地，进攻诺曼底。在此后的一系列战役中，夺取了加莱港、鲁昂、曼恩、安茹等地。腓力的扩张引起了他国的害怕，便联合组建了反法同盟。1214年反法同盟军队在法国西部开始登陆，在布汶战役中，腓力取得了决定性胜利，彻底打败了约翰，确立了13世纪法兰西王国的强国地位。腓力二世在位期间，法国国王的领地扩张了三倍，国力也增强了很多。

腓力王朝

1328年查理四世死后，由卡佩

事件	地区	时间（年）
奥托一世建立神圣罗马帝国	欧洲	962
北宋开始由皇帝亲自主持殿试	亚洲	973
朱洞创建岳麓书院	亚洲	976
《百家姓》成书	亚洲	978

时间(年)	地区	事件
978	亚洲	词人李煜去世
978	欧洲	基辅大公弗拉基米尔一世即位

家族的旁支瓦卢瓦伯爵查理之子腓力六世继承王位，建立瓦卢瓦王朝。虽然这一时期内外战争频繁发生，但是法兰西的文化取得很大的成就。13—14世纪，在巴黎、图卢兹和奥尔良等城市相继创办大学，巴黎成为学术中心。

英国诺曼王朝建立

英国是大西洋上的一个岛屿国家，与欧洲大陆隔海相望。11世纪中叶，英国由哈罗德统治，他是英国本土的贵族，不喜欢与外国交往，并且盲目自大。他天真地以为，英国远离大陆，跟别的国家也没有什么牵扯，只要守着自己的国家就好了。

但是，岛外的欧洲大陆上很多国家都在扩张自己的势力，法国诺曼底公爵威廉早就看上了英国王位，决定用武力征服英国，夺取王位。为了达到自己的目的，他谋划了很久。

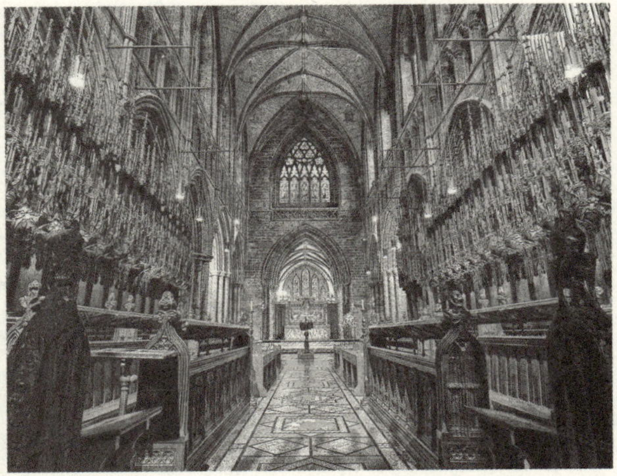

诺曼王朝的建筑

首先，他派使节前往罗马，说服了当时欧洲最有影响的罗马教皇和神圣罗马帝国皇帝。教皇还赐给他一面“圣旗”，表示自己对威廉行动的支持，神圣罗马帝国皇帝也表示出兵帮助威廉。接着，威廉又与他的邻居丹麦国王结成友好同盟。最后，威廉组成了一个反对哈罗德的欧洲联盟军，开始了攻打英国的行动。

威廉率领的远征军，在英国东南的海岸成功登陆了。军队长驱直入，一直抵达伦敦附近的黑斯廷斯。在黑斯廷斯，威廉和哈罗德展开了决战。开始，哈罗德凭借着有利的地势，打退了诺曼底人的第一次进攻。

可是很快，威廉就调整了进攻的战术，假装溃败，想把英军引出坚固有利的阵地。哈罗德中计，命令英军赶紧追赶，落入威廉的陷阱。哈罗德在混战中也中箭身亡，英军大乱，最后全线崩溃。威廉取得了黑斯廷斯战役的胜利。

威廉成了英国的国王，开启了诺曼底王朝的统治，简称诺曼王朝。1154 年，斯蒂芬死后，他的表甥亨利二世继位，诺曼王朝终结，金雀花王朝正式开始。

卡诺莎悔罪事件

中世纪时期，基督教已经为欧洲大多数国家和地区所接受，教会遍及各地。它们既受命于罗马教廷，又服从各地的世俗王权。因为在中世纪的欧洲，共同统治人民的两大权力是教权与王权。它们之间相互勾结，相互利用，相互争权夺势。

神圣罗马帝国，自奥托一世以来就牢牢控制着各地教会主教的授职权，教皇对德国教会的控制有名无实。因此，11 世纪以来，欧洲教会虽然已经有了较强的势力，拥有大量地产，但是却不能独立于俗界政权。教会及其地产名义上归属教皇，实则多依赖于俗界政权，教皇徒有虚名。为了摆脱世俗政权的控制，夺取权利，教会与王权展开了斗争。

神圣罗马帝国皇帝亨利四世于 1066 年亲政后，同教皇格列高利七世发生了激烈的冲突。公元 1076 年，亨利四世被处以破门律：开除、废黜和放逐。按照破门律，被惩罚者

事件	地区	时间（年）
波兰王国建立	欧洲	1025
亨利四世被处以破门律	欧洲	1076
卡诺莎悔罪事件	欧洲	1077
伦敦塔开始修建	欧洲	1078

时间（年）	地区	事件
1088	欧洲	欧洲第一所大学博洛尼亚大学建立
1089	亚洲	格鲁吉亚建国

不在一年之内获得教皇的宽恕，他的臣民都要解除对他的效忠。

当时德意志的部分诸侯立即用行动表示了对教会的支持，大多数公爵表示亨利四世如果不能在一年之内恢复教籍，他们就不再承认他的合法性。民众们对此也毫无异议。当时亨利四世也没有足够的兵力来对抗反叛的诸侯。

亨利四世画像

眼看就到了一年之期限，亨利四世明白，如果不能重获教籍，他的皇位就会不保。为了重获教籍，1077 年，亨利冒着风雪严寒，翻越了阿尔卑斯山，前往教皇所在的卡诺莎城堡，向教皇悔罪。在冰天雪地中，亨利身着麻毡，赤足在城堡门口站立了三天，最终教皇给他一个赦罪之吻，取消了破门律。亨利承诺将尊重教皇就他与德意志封建领主之间斗争的裁决，并保证在自己的王国全境将不兴刀兵。这就是欧洲中世纪著名的“卡诺莎悔罪事件”。

亨利四世重新得到人民的支持后，迅速讨伐叛乱者。格列高利七世也害怕了，于 1080 年再次对亨利四世处以破门律。只是这次亨利废黜教皇，任命一名新教皇上位，随即率领大军进军罗马。

亨利四世成功地占领了罗马后，在那里接受了加冕。格列高利七世弃城逃跑，向诺曼人求援，后来诺曼人虽然赶走了亨利四世，但他们也同时洗劫了罗马。

十字军的覆灭

从公元 1 世纪开始，基督教就传遍了罗马帝国境内，4 世纪时基督教已经成为罗马帝国的最大宗教，随后几个世纪基督教在圣地占据了绝对的优势。

公元 7 世纪伊斯兰教开始在阿拉伯半岛上兴起，并迅速向外扩张。在公元 8 世纪，穆斯林征服者打到了法国的心脏。

基督教和教会以及大地主丧失了他们的土地，这些土地被收归伊斯兰教寺院及高层官员。这引起了西方对穆斯林态度的变化，加重了基督教和伊斯兰教的对立。

原本属于罗马天主教圣地的耶路撒冷也落入伊斯兰教的手中，为了收复失去的圣地耶路撒冷，从 1096 年起，在罗马天主教教皇的准许下，基督徒开始了持续将近 200 年的宗教性军事行动。因为每个参战的人胸前和臂上，都佩戴着象征基督教的十字，故称“十字军”。

这些十字军主要由西欧的封建领主和骑士组成，他们以收复阿拉伯穆斯林入侵占领的土地的名义，开始对地中海东岸国家发动战争，被称为十字军东征，前后共计九次。但是一些东征是针对天主教以外的其他基督教派的，并非针对伊斯兰，如第四次十字军东征就是针对东正教的拜占庭帝国。

为了赶到北非救路易九世，英格兰的爱德华王子开始了第九次十字军东征，但是已经晚了，1272 年他在阿卡签订了停战协议。此后，十字军在亚洲的领土逐渐落入阿拉伯穆斯林手中。到了 1291 年，最后一个据点阿卡被埃及马木留克军队攻陷，耶路撒冷王国灭亡。

九次的东征只有第一次取得了胜利，攻占了耶路撒冷，并建立了耶路撒冷王国。这在西方基督教界引起了空前的轰动。这场战争影响了整个东地中海格局。

事件	地区	时间（年）
西欧封建领主进行第一次十字军东征	欧洲	1096
圣殿骑士团建立	欧洲	1118
宋江发动起义	亚洲	1119

时间（年）	地区	事件
1120	亚洲	方腊发动起义
1127	亚洲	北宋灭亡
1139	欧洲	葡萄牙王国建立

十字军的建立原本是为了对抗穆斯林，但是第一次东征之后，十字军便被国王和贵族利用，成了政治的牺牲品。十字军造成了东方和西欧各国生灵涂炭，但是也使欧洲人看到了更为广阔的外部世界，远征军带回来的故事点燃了欧洲创造的火花。

十字军的东征使得一些新的词汇进入欧洲。欧洲人还带回来了纺织品、食物和香料，加速了贸易活动。十字军带回来的财宝也加快了经济的发展。

镰仓幕府的形成

作为日本的第一个幕府，镰仓幕府是由武将源赖朝建立的。源赖朝在消灭平氏后成为手握大权的人物，为了建立和巩固自己的政权，他在地势险要的镰仓建立自己的根据地。1185 年，源赖朝抓住机会迫使天皇承认他拥有设置“守护”，在全日本设置“地头”的权力。并且这两种职务都由源赖朝的亲信武士“御家人”充任，朝廷无权过问。

随后，源赖朝又把朝廷中对他抱有敌意的贵族放逐了，还派“京都守护”监视朝廷。他掌握了全国大部分地区的军警权力。随着顽固守旧者相继死去，1192 年源赖朝被任命为“征夷大将军”。至此，镰仓幕府走上了政治舞台，翻开了日本历史上军人专政的幕府统治时期。

镰仓幕府有相对独立的统治机构，以镰仓为中心，覆盖了日本社会的每个角落，是真正意义上的武家政权。在镰仓，设置了直接从属幕府将军的各所；在地方上，设置了守护职，把大权从朝廷派驻的国司手中夺取过来。

幕府的经济基础来源于“关东御成败地”，也就是指幕府将军有权管理，可随意处分的领地。

强大的经济基础保证源赖朝的权力。后来为了完善镰仓幕府的制度，源赖朝还设置了京都守护、镇西奉行和奥州总奉行等官职。

源赖朝

镰仓时代日本和宋朝一直保持着友好的关系，不过元朝建立后，忽必烈开始把矛头指向日本。忽必烈两次对日本的远征都失败了。不过因为抗元的战争，镰仓幕府的统治开始走向衰落。到1333年，镰仓幕府在农民和不满幕府的武士的共同打击下灭亡了。

镰仓幕府标志着日本幕府政权的开始。它的建立标志着掌握实际统治权的由日本贵族开始转向地位低下的日本武士。日本武士鄙视贵族萎靡的生活，他们崇尚“忠君、节义、廉耻、勇武、坚忍”的思想，并且结合儒学、佛教禅宗、神道，形成武士的精神支柱“武士道”。

《自由大宪章》

随着诺曼人成为英国的国王以后，他们建立的集权政府逐渐强大起来，领土也越来越大，到了1199年，英国国王成为欧洲最有权力的国王。

13世纪，英国国王约翰即位以后，相继丢失了诺曼底、安茹、曼恩、都兰等地。1209年，约翰被教皇开除了教籍。1213年，约翰出征法国失败。这一连串的事件，导致国内封建贵族开始反抗，要求限制王权。

1215年，封建贵族联合其他一切对国王不满的势力开始反对约翰王，得到伦敦市民支持的封建贵族占领了伦敦。他们挟持了约翰王，胁迫他签订了贵族提出的“男爵法案”。最后在强大的压力下，约翰不得不在兰尼米德签署《自由大宪章》。

签署《自由大宪章》以后，贵族宣誓对约翰效忠，王室秘书将国王与贵族间的协议正

事件	地区	时间（年）
抗金英雄岳飞被害	亚洲	1140
莫斯科城第一次见诸历史	欧洲	1147
柬埔寨吴哥窟建成	亚洲	1150

时间(年)	地　区	事　件
1150	欧洲	巴黎大学建校
1156	欧洲	克林姆林宫开始建造
1189	亚洲	卢沟桥开始建造

式誊写，并将副本抄送到各地，由指定的王室官员及主教保存。该法在历史上第一次限制了封建君王的权力，成为日后英国君主立宪的法律基础。

签署《自由大宪章》

《自由大宪章》由序言和63个条款构成。主要内容是贵族和教会的权利不受国王的侵犯。比如保障教会选举教职人员的自由；保护贵族和骑士的领地继承权，国王不能违法征收领地的继承税；国王不得干涉封建主法庭从事司法审判的权力；此外，还有少数条款是针对城市的，如确认城市已享有的权利、保护商业自由、统一度量衡等。

还有一条声明，如果国王违反规定，由25名贵族组成的委员会有权对国王使用武力。

《自由大宪章》是英国宪政的基石，而英国宪政也是西方宪政的基础。英国封建政治经历的并不是一条单一的从确立到发展再到成熟然后衰竭、终结的演进路线，而是一条在确立中变异、在发展中衰退、在成熟的同时走向死亡的道路。

王权、贵族权、基督教神权三者之间既依赖又排斥，既对抗又妥协，它们的这种关系支撑起英国的“有限王权”封建制；在这些权力的抗衡与妥协中，孕育出了一种以自由为动力、以分权为基础、以民主为形式、以法治为保障的新型政治形态。

《自由大宪章》的发展历程揭示了缔造西方现代社会制度的三个基本原则：一是以自由保障自由的原则。二是以分权保障自由的原则。分权保障了自由与权利的发展，没有分权便没有自由与权利，更不会有西方民主与宪政。三是以法治保障自由原则。这里的自由民主不是“让多数人统治少数人”，也不是“让民众直接当家做主”，而是让“每一个人能够自己统治自己”。在这里，宪政也不是“有宪法的政治”，而是“法律下的政治”。

事件	地区	时间（年）
巴黎圣母院开始建造	欧洲	1200

第五章　五光十色的中世纪

意大利诗人但丁与他的《神曲》

13 世纪的意大利，在政治上还处于分裂状态，名义上隶属神圣罗马帝国，实际上是分裂成一个个独立的或自治的小国，其中有经济繁荣的城市共和国，也有受封建主统治的小国。这些小邦内部经常发生动乱，各邦之间也经常进行争斗。

1265 年，但丁在一个没落贵族的家庭出生了。他从小喜欢读诗，曾经拜著名学者为师，学过拉丁文和古代文学，他崇拜一位古罗马的诗人维吉尔，把他当作精神导师。

少年时，但丁曾在宴会上见到一位容貌清秀、美丽动人的名叫贝阿德丽采的姑娘，但丁非常喜欢她，把她当作自己精神上的爱慕对象。以后，贝阿德丽采成了但丁作品中一个象征性的理想人物。

青年时期的但丁积极参加城邦的政治活动，当时佛罗伦萨是斗争最激烈的地方。代表新兴市民阶级利益的贵尔夫党经过激烈斗争，战胜了代表封建贵族势力的基伯林党。不过贵尔夫党很快分裂为黑党和白党两派，但丁属于白派，反对教皇干涉城邦内政。

1302 年，黑党在教皇的帮助下取得胜利，但丁因为莫须有的罪名，被赶出城邦，从此开始了近 20 年的流放生活，再也没有回来过。大约在 1307 年，在流亡生活最痛苦的时候，但丁开始创作《神曲》，这是他长期酝酿和构思的一部巨著。从中可以看出，但丁想寻找意大利民族的出路，渴求祖国和平统一，人民安居乐业。

《神曲》原名《喜剧》，因为作品从悲惨的地狱开始，到光明的天堂结束，带有喜剧的因素。薄伽丘在《但丁传》中为了表示对诗人的崇敬，给这部作品冠以“神圣的”称谓。后来的版本便以《神圣的喜剧》为书名。中译本通称《神曲》。

《神曲》全诗分为《地狱篇》《炼狱篇》《天堂篇》三部分，每部分 33 首歌，加上序曲，

事件	地区	时间（年）
铁木真统一蒙古各部	亚洲	1206
剑桥大学建校	欧洲	1209
《自由大宪章》签订	欧洲	1215

时间（年）	地区	事件
1225	欧洲	神学家阿奎那出生
1243	欧洲	教皇英诺森四世即位
1271	亚洲	元朝建立

共100首，全书共计14000余行。

该长诗采用中古文学特有的梦幻形式，以第一人称的形式描述自己在幽暗的森林中醒来之后，迷失了道路，开始了幻游。在遇到三头猛兽——豺、狮、狼后，诗人惊慌呼救，这时但丁崇拜的诗人维吉尔前来搭救，圣女贝阿德丽采（但丁年少时倾心的女子）也引导他。

在维吉尔的带领下，但丁游历了地狱和炼狱。地狱共计九层，上宽下窄，像一个大漏斗，凡是生前做过坏事的人，不管是教皇还是普通人，都会在地狱中受到惩罚。罪孽越重，越在下层，所受的刑也越重。

炼狱里的灵魂的罪孽较轻。炼狱是一座浮在海上的山，共分为七层，这里每一层分别住有犯过骄、妒、怒、情、贪、食七种罪孽的亡魂。他们可以得到宽恕，经过烈火的焚烧，断除孽根后，他们可以升入天堂。

经历过炼狱后，维吉尔退去，圣女贝阿德丽采引导但丁开始游历天堂。天堂也分为九重。九重之上是人类理想的生活境界，是一个充满爱的地方。

《神曲》虽然描写的是诗人的梦幻景象，但诗中游历三界的所见所闻，很多都是意大利的现实生活，涉及了当时佛罗伦萨以至意大利复杂的党派斗争，涉及教皇和僧侣的罪恶，也涉及贪官污吏及新兴资产阶级对人民的剥削压迫等。

优美的诗句中蕴含着诗人强烈的爱恨，地狱其实指的是被教皇、教士统治着的社会，炼狱是人们步入天堂的必经之路，天堂就是人们梦寐以求的理想境界。

1321年，《天堂篇》刚刚完稿，但丁就在拉文那染病去世。几百年后，佛罗伦萨终于想起了自己国家的诗人，想把但丁的尸骨迁回，但是拉文那人毅然回绝道："活着的时候拒之门外，死后却要保留他的遗骨！"所以，至今但丁的遗骨仍保留在拉文那。

《神曲》对中世纪政治、哲学、科学、神学、诗歌、绘画、文化，做了艺术性的阐述和总结。因此，它不仅在思想性、艺术性上达到了时代的先进水平，是一座划时代的里程碑，而且是一部反映社会生活、传授知识的百科全书式的鸿篇巨制。

马可·波罗

马可·波罗出生于威尼斯一个商人的家庭，他的父亲和叔叔都是威尼斯的商人。他小的时候经常缠着父亲他们讲解做生意时的见闻。1271 年，17 岁的马可·波罗就跟随父亲一行人前往东方。

他们从威尼斯进入地中海，然后横渡黑海，经过两河流域来到中东巴格达，想乘船到达中国。就在这时，强盗盯上了他们，把他们抓住并分别关押起来，后来他和父亲逃了出来。

他们在霍尔木兹等了两个月，也没遇上去中国的船只，最后只得走陆路。这条路非常艰辛，让绝大多数人望而却步。他们一路向东，穿过荒凉恐怖的伊朗沙漠，跨过险峻寒冷的帕米尔高原，跋山涉水，克服了疾病、饥渴的困扰，躲开了强盗、猛兽的侵袭，终于来到了中国的新疆。新疆的美景让马可·波罗惊奇不已。

他们又继续向东，穿越了塔克拉玛干沙漠，来到古城敦煌，看到了举世闻名的佛像雕刻和壁画。接着他们又看到了玉门关的万里长城，最后穿过河西走廊，历经四年，他们最终到达了元朝的北部都城——上都。

马可·波罗很快就学会了蒙古语和汉语。他借着奉命巡视各地的机会，走遍了中国的山山水水，中国的辽阔与富有让他非常吃惊。每到一处，他都要详细地考察当地的风俗、地理、人情。在回到大都后，他又详细地向忽必烈大汗进行了汇报。

17 年的时间就这样匆匆而过，1292 年，马可·波罗终于踏上了回家的征程。耗时 3 年，

事件	地区	时间（年）
莫斯科成为独立的公国	欧洲	1276
宋军在崖山之战中失利，南宋灭亡	亚洲	1279
元军渡海进攻日本，大败而回	亚洲	1281

时间（年）	地区	事件
1290	亚洲	奥斯曼土耳其帝国皇帝奥斯曼一世即位
1297	欧洲	民族英雄华莱士领导苏格兰独立战争
1300	欧洲	欧洲经济开始陷入萧条

1295 年底他们终于回到阔别已久的家乡。他们从中国回来的消息迅速传遍了整个威尼斯，他们从东方带回的无数奇珍异宝，一夜之间就成了威尼斯的巨富。

1298 年，马可·波罗参加了威尼斯与热那亚的战争，后来不幸被俘。在狱中，他向作家鲁思梯谦讲述了自己在东方的见闻，于是便有了马可·波罗口述、鲁思梯谦记录的《马可·波罗游记》。

马可·波罗的中国之行，中世纪的欧洲人认为是个神话故事。一直到现在，欧洲人对于马可·波罗是否来到过中国还是争论不休。不过不管怎样，《马可·波罗游记》却大大丰富了欧洲人的地理知识，打破了传统思想的束缚。

此外，《马可·波罗游记》对 15 世纪欧洲的航海事业起到了巨大的推动作用。意大利的哥伦布、葡萄牙的达·伽马等众多的航海家、旅行家、探险家读了该书后，都纷纷向东寻访中国，打破了中世纪西方神权统治的禁锢，大大促进了中西交通和文化交流。马可·波罗和他的《马可·波罗游记》给欧洲开辟了一个新时代。

英国泰勒农民起义

英国从公元 7 世纪开始了封建化进程，到 11 世纪末期最终确立了封建制度。在封建制度下，土地都掌握在以英国国王为首的封建领主手中，他们的残酷剥削，让英国农民的生活十分悲惨。

到了 14 世纪，英国又开始推行货币地租制度，让农民不仅受到封建领主的剥削，还受到商人和高利贷者的剥削，把广大农民推向更加贫穷的深渊。

在这内部矛盾重重的时候，又发生了雪上加霜的事情。1348 年开始，英国暴发了黑死病，让人口减少了至少一半。人口锐减，农村凋敝，劳动力缺乏，导致各地工资高涨。

但是政府为了保护封建主的利益，从1349年开始多次颁布劳工法令，把工资限制在黑死病以前的水平，这让农民很不满意。另外，英法的百年大战，英国在军事上连遭失败，耗费了大量财力，为搜刮金钱，税收不断增加，导致农民苦不堪言。

为了争取人身自由和经济权益，1381年5月底和6月初，埃塞克郡和肯特郡的农民先后起义，赶跑税吏，捣毁庄园。仅1个月内，全国的40个郡中就有25个郡奋起响应。

农民推举瓦特·泰勒为领袖，组织了武装队伍开始向伦敦进发。6月，起义军在伦敦贫民的帮助下进入伦敦城内。国王理查二世躲在伦敦塔里，起义军完全控制了局面。没有办法，双方开始进行谈判，国王被迫接受瓦特·泰勒提出的条件，同意废除农奴制，赦免起义者，在国内自由贸易，取消领主对人民的奴役，规定每英亩土地只征收4便士地租等。

在国王口头答应这些要求后，起义军处死了坎特伯雷大主教和财政大臣海尔斯及其他一些封建主。有一部分起义者在得到国王给予的自由赦免书后散去。

泰勒·瓦特起义

1381年6月15日，泰勒率众与国王进行第二次谈判，要求废除一切反动法令，没收教会地产并在民众中分配，所有人都拥有同样的自由与法律身份等。在谈判中，伦敦市长沃尔沃思和国王的随从发动突然袭击，杀死了瓦特·泰勒，起义者相继溃散，起义失败。

虽然这次起义如同历史上的数次起义一样，是以失败而告终，也没有换回来任何平等和自由的进步，但瓦特·泰勒起义是14世纪英国爆发的最大一次农民反封建起义，也是当时整个

事件	地区	时间（年）
诗人乔叟出生	欧洲	1343
英军占领加莱	欧洲	1347
英国暴发黑死病	欧洲	1348

西欧最大的一次农民起义。它给封建制度一个沉重的打击，有助于封建制的瓦解。

欧洲黑死病的阴霾

1345 年，在克里米亚半岛上的一个叫加法的小城市中，意大利商人与当地的穆斯林居民发生了争执，后来冲突不断升级。处于下风的穆斯林便向他们的同盟蒙古人求援，蒙古人借机发兵，包围了加法城。不过由于加法城易守难攻，即使人数占优势的蒙古大军也一时难以攻克，围困整整持续了一年。

这时几年前暴发过的瘟疫，开始在蒙古大军中蔓延，大批蒙古军人死去。由于大量士兵死亡，滋生出大量细菌，几天以后瘟疫开始在城内暴发。

很快加法城中就出现了许多患者，他们出现寒战、头痛等症状，继而发热、谵妄、昏迷、皮肤广泛出血、身长恶疮、呼吸衰竭。一般 2—5 天就死亡。由于患者死后皮肤常呈黑紫色，因此人们将这种可怕的瘟疫称为“黑死病”。几天的时间，城内的加法人便纷纷丧命，城内到处都是长着黑斑的死尸。

城外的蒙古军人也悄然撤退，因为瘟疫导致大量人员死亡，再也无法围城，那些还没有染病的意大利人也趁机逃走。他们登上几艘帆船，踏上返回意大利的路程。只是跟他们上船的，还有传播瘟疫的罪魁祸首——老鼠和跳蚤，它们爬上缆绳，藏进货舱，跟随这些逃生者向欧洲大陆漂泊。

加法城黑死病的消息已经传遍了四方，所有的港口都拒绝他们登陆。在地中海的漂泊中，又有一些水手死去了。直到 1347 年，只剩下一艘船，船上的人用大量的珠宝买通了意大利西西里岛的墨西拿港，允许他们登陆。

虽然当地人立即对船进行隔离，可是老鼠和跳蚤已顺着缆绳爬到了岸上。加法的商人

时间（年）	地区	事件
1351	亚洲	元朝各地爆发起义
1352	亚洲	朱元璋投靠郭子仪
1356	亚洲	朱元璋被封为吴国公

加法城的惨状

登陆不到一个礼拜，黑死病便在整个西西里岛传播开来。紧接着，瘟疫又从西西里向内陆扩散，横扫整个意大利。

面对突如其来的瘟疫，人们无法解释，更无法治疗。为了寻求寄托，人们便纷纷来到教堂，期望得到神灵的保护和安慰。但是祈祷也无法阻止瘟疫的蔓延，于是有人觉得这是上帝的惩罚。

瘟疫在蹂躏意大利的同时，欧洲其他的地方也暴发了黑死病，就连中东和北非地区也没有幸免于难。瘟疫所到之处，不分阶层、无论贵贱，没有人能逃避死亡的威胁。

黑死病导致欧洲人口大量减少，具体人数当时没有准确的统计，后世估计为 2500 万左右，占了欧洲人口的将近 1/3，即使在 14 世纪以后的 300 年间，黑死病也没有绝迹，给人们造成了极大的恐慌。

英法百年战争

中世纪，英国诸王通过与法国贵族的一系列联姻，成了法国诸王大片领地上的主要封臣。1328 年，法国卡佩王朝绝嗣，腓力六世继位，英王爱德华三世因为是卡佩王朝前国

事件	地区	时间（年）
普鲁士确立七大选侯制度	欧洲	1356
意大利黑死病肆虐	欧洲	14 世纪
法国扎克雷起义爆发	欧洲	1358

时间（年）	地区	事件
1364	欧洲	波兰克拉科夫大学建校
1364	欧洲	法王查理五世即位
1365	欧洲	维也纳大学建校

王的外孙，宣称自己才应该是法国的正牌国王，他们开始争夺卡佩王朝的继承权。

1337 年，爱德华三世称王法兰西，腓力六世则宣布收回英国在法境内的全部领土，派兵占领那里，于是战争爆发。除王位继承外，他们还争夺在法境内的富庶的佛兰德尔和阿基坦地区。

这场战争从 1337 年开始，一直到 1453 年才结束，断断续续进行了 116 年，是世界上时间最长的战争。战争分为四个阶段：

第一阶段（1337—1360 年），英法双方主要争夺佛兰德尔和基恩。战争的最后结果是法国被迫签订极不平等的《布勒丁尼和约》，割让出卢瓦尔河以南至比利牛斯山脉的全部领土，此外还要支付 300 万金币的补偿款给英国，爱德华放弃对法国王位的要求。

第二阶段（1369—1380 年），对英占领区的争夺。英国国内的形势恶化，为了保住自己的领地，英国遂与法国签订停战协定。

第三阶段（1415—1424 年），法国国内矛盾加剧，国力遭到削弱，英国乘机重启战端。在危急的形势下，法国人民组成抗英游击队，袭击敌人。对法国来说，争夺王位的战争已转变为民族解放战争。

第四阶段（1424—1453 年），法国人民在贞德的领导下，开始了更为广泛的游击战。导致战争的性质变了：法国是反抗英国侵略的正义战争，而英国则是进行侵略性的非正义战争。

最终法国取得战争的胜利，战争还使法国完成民族统一，英格兰几乎丧失所有的法国境内的领地。

英法两国的战争导致了两国走上了中央集权的道路。英国步兵打败法国骑兵的思想流传到了四方，步兵的重要性不断提高。在后期，法军开始大规模使用火药以及火炮作为武器而取得了最终的胜利，这些新型武器促使了战争方式发生变化。

持续了一百多年的英法战争，给英法两国人民带来了深重的灾难，当时又是黑死病流

英法百年战争

行的时代，在战争和疫病的双重打击下，英法两国的经济遭受重创，民不聊生。

这场战争也促进了法国民族意识的觉醒。民族女英雄贞德为了民族的解放不惜牺牲自己的生命，唤醒了人民的民族意识，振奋了法国的民族精神。英法战争，不仅使法国摆脱了侵略者的统治，而且还增强了法国人民的凝聚力，让法国人民团结起来。英法两国的政体由此从封建君主制变为封建君主专制，王权得到了进一步加强。

圣女贞德

1412 年，贞德出生于法国一个叫作栋雷米的村庄，她家拥有 50 英亩的土地，并且还经营着一座农场。她的父亲担任村里收集税金和看守村庄的工作。贞德小时候，这个村庄的四周被勃艮第人的领土所包围。后来，这座村庄又遭受几次袭击，有一次甚至起了大火。

她在 16 岁时，声称自己在村后的大树下遇见天使圣弥额尔、圣玛加利大和圣加大肋纳，从而得到“上帝的启示”。她预言奥尔良附近的法军会在鲱鱼之战中战败，后来前线的消息证实了她的预言。

她伪装成男性，穿越敌方勃艮第领土，最后到达王储查理在希农的城堡。这时，查理

事件	地区	时间（年）
汉萨同盟建立	欧洲	1365
明朝建立	亚洲	1368
捷克宗教改革家胡斯出生	欧洲	1369

准备发起一场解救奥尔良的远征，贞德请求参与。她穿上了骑士的装备，跟随大军出发了。

贞德的军队于 1429 年到达战场，当时的法军指挥官迪努瓦公爵和其他将领自行拟定了作战计划，并且没有告知贞德。贞德主张直接攻击英军，她亲自带队投入每一场战斗，始终在战斗的最前线，并且随身带着她那明显的旗帜。她扭转了整场战争的形势。

在战场上，贞德采用正面的猛烈攻势来进攻英军堡垒。法军在进攻土列尔时，贞德在交战中被一支箭射中肩膀而被士兵们抬离前线，但她把箭拔出后，带伤重返战场最终取得胜利。

在奥尔良迅速获胜后，法军开始计划进一步的进攻，贞德坚持应该朝兰斯进攻。贞德说服查理授予她和阿朗松公爵全权指挥军队，并获得允许进攻罗尔河附近的桥梁，以作为稍后进攻兰斯的阵地。

贞德一场又一场的胜利，赢得了很多将领的支持。她还禁止对战俘进行杀戮，还为一个即将死去的英国士兵告解。

6 月，法军开始从卢瓦尔河畔默恩进攻兰斯，沿途路过的城镇不加抵抗就重归法国一方，而且特鲁瓦在围城四天后也宣布投降。贞德成为人们的精神领袖。

7 月，查理被正式加冕为查理七世，他要封贞德为贵族，但是贞德拒绝了，只是要求免除她村子的赋税。9 月，在攻占巴黎的战争中，贞德腿部被石弩击伤，但是她依然指挥军队。后来，王室下令法军撤退。

1430 年，在一次撤退中，贞德坚持在队伍的最后方，以确保所有人都能撤回到贡比涅城城里。当时城内的部队害怕英军盟友勃艮第人跟着闯入，还没等到所有人都撤回城内时，就关闭了城门，贞德和剩余的后卫被勃艮第人俘虏。

一番谈判后，菲利普公爵将贞德交给英格兰。因为政治上的原因，贝德福公爵指责贞德是异端，是她破坏了他侄子成为法国国王，英格兰政府资助整场审判的花费。

哪怕在审判中，贞德依然表现出了她的聪明才智，审判者问道：“你是否认为自己受

时间（年）	地区	事件
1392	亚洲	朝鲜李朝建立
1405	亚洲	郑和第一次下西洋
1409	欧洲	莱比锡大学建校

到上帝的恩典？”这个问题设置了陷阱，如果她做出肯定的回答，那就证明自己是异端；如果回答是否定的，那她就承认了自己有罪。而贞德则巧妙地答道：“如果我没有得到，希望上帝能够赐予我；如果我已经得到，希望上帝仍赐予我。”

面对各种刑具，贞德没有屈服，她说哪怕是死她也会坚持自己的说法；面对神父对查理七世不来救她的攻击，她不让谈论国王，还说国王是个虔诚的基督教徒。

许多神职人员是被迫参加审讯的，贞德的审判记录也遭到更改。最后法庭总结了贞德的 12 宗罪行，在各种方式的逼迫下，不识字的贞德在立即处死的威胁下签下了一份公开弃绝书（也就是直接认罪书）。

1431 年 5 月 30 日，贞德被绑在鲁昂的老集市广场的火刑柱上烧死了。在场的很多人都流下了同情的泪水。战争结束后，在贞德年迈的母亲和法国宗教裁判所的首席法官的请求下，对贞德进行了重新审判。法庭在 1456 年 7 月 7 日正式宣布了贞德的清白。

拿破仑对贞德的评价很高，认为她是法国的救世主。在贞德死后，法国的民族主义高涨。并且有大批的作家和作曲家对她进行歌颂，出现了大量以她为题材的电影、戏剧和音乐。

法国扎克雷农民起义

14 世纪的法国农民也生活在水深火热之中。货币地租的盛行，让封建主的贪欲日益扩大，无休止地提高租额。很多农民刚被封建主剥削后，又落入高利贷者的魔爪。黑死病的蔓延，让法国农民的生活极端恶化。英法两国的百年战争中，法国的国王和贵族被俘虏，太子查理为了筹集国王赎金和战争经费，规定了附加税收，让农民越来越不满。

1358 年，巴黎市民不满查理太子征集赎金和战争经费的独裁行为，发起了暴动，将

事件	地区	时间（年）
捷克胡斯战争爆发	欧洲	1419
故宫、天坛建成	亚洲	1420
英格兰国王亨利六世在位	欧洲	1422

时间（年）	地区	事件
1425	欧洲	莫斯科大公国发生内讧
1434	欧洲	意大利美第奇家族开始兴盛
1438	欧洲	哈布斯堡帝国建立
15 世纪中叶	亚洲	昆曲艺术出现
1441	非洲	葡萄牙人到达非洲

太子逐出巴黎。为了镇压市民的暴动，太子让正在田间辛苦劳动的农民放下手中的农活去围攻巴黎。

查理的命令引爆了农民的愤怒，一个名叫吉约姆·卡尔的农民率先站出来，向广大农民发出彻底消灭一切贵族的口号，带领农民起来反抗。参加起义的人数很快达到了十几万，起义迅速席卷香槟、皮卡第、法兰西岛等地区。

农民捣毁封建主住宅，攻陷城堡，焚毁契约债据，杀死被俘的封建主，许多贵族、领主闻风而逃，犹如丧家之犬。起义军一边战斗，一边扩大队伍，沿途吸收了大批的城市贫民。巴黎起义的市民听闻后，赶忙请求农民军做外援。这样，城乡的起义力量汇合起来了，声势更加壮大。

这时从惊慌失措中清醒过来的封建主、贵族们也迅速联合起来，大贵族查理带头镇压起义军，他纠集了一支军队向起义军扑了过来。与此同时，英国的封建领主在他们法国亲戚的请求下，也派兵前来与起义军作战。

卡尔在博韦附近的麦罗集中了起义军的主力，准备与查理的军队决一死战，但是巴黎市民的起义首领背叛了起义军，他害怕自己的利益受损，所以在运粮道路被打开，大批粮食运进城以后，就断然下令与起义军一刀两断。

老奸巨猾的查理看到秩序井然的起义军，不敢硬拼，于是假意邀请卡尔进行谈判。卡尔轻信了他的话语，亲自到查理军中谈判，被查理趁机杀死。他趁起义军失掉领袖的时机，率军一哄而上，打散了起义军，将各地起义军连同妇女小孩杀死两万余人。

这次起义是法国历史上规模最大的一次农民起义，由于当时的法国贵族将农民蔑称为“扎克雷”，这次起义又称为“扎克雷起义”虽然最后失败了，但却给封建统治者沉重的打击，在法国历史上留下了光辉的一页。

这场起义风暴还波及英国，使英国贵族也遭受了血腥的打击。扎克雷起义在历史上有着深远的影响和重大的历史意义。起义促使农民更迅速地摆脱人身依附地位，唤醒了广大农民，提高了农民对封建主进行反剥削斗争的社会觉悟。

君士坦丁堡的陷落

君士坦丁堡位于欧亚大陆的交汇处，是个不规则的三角形半岛，三面环水，地势较高，它有着天然的屏障，是座易守难攻的城市。在冷兵器时代，它依靠坚不可摧的城防设施，抵抗了一波又一波的进攻。

君士坦丁堡有长约 20 公里的城墙，由陆地城墙和沿海城墙组成，将整个城市包围得固若金汤，其中最精巧复杂的是公元 5 世纪修建的陆地城墙的主体部分——狄奥多西城墙。整段城墙形成互为掩护的多重防御体系，在没有火炮的年代，基本无突破此段城墙的可能性。

到了 1452 年，君士坦丁堡实际上已经成为一座孤城，1453 年初土耳其苏丹穆罕默德二世亲率步兵 7 万，骑兵 2 万多，战舰 320 艘，从海陆两面包围并企图占领君士坦丁堡，打算彻底灭亡拜占庭帝国。

4 月，土耳其军队用火炮、攻城锤和投石器猛烈破击城墙，从西面开始发动进攻。他们填平壕沟，架设云梯，还在城墙下挖掘坑道。不过皇帝君士坦丁十一世顽强抵抗，打败了土耳其西面的进攻，并且拜占庭帝国的海上援军也冲破了土耳其军的封锁。

看到这样的结果，穆罕默德二世很快改变了策略，他买通热那亚商人，从热那亚人所控制的加拉太地区潜入金角湾内，准备水陆夹击。他在金角湾最窄处架设浮桥，在桥上配置了火炮。

5 月，土军从海陆两面对君士坦丁堡发起总攻，在金角湾那边主要采用火炮破坏防御

事件	地区	时间（年）
古登堡发明最早的印刷机	欧洲	1445
土木堡之变爆发，明军大败	亚洲	1449

时间（年）	地区	事件
1450	欧洲	德意志诸侯国开始兴起
1452	欧洲	画家达·芬奇出生
1455	欧洲	玫瑰战争开始

工事和轰击防守船只的办法，而在西面从十字军曾经破城的地方，分三波发动了进攻。

穆罕默德指挥数万军队从多处突入城堡。虽然君士坦丁堡的守军浴血奋战，誓死保卫城堡，但因寡不敌众，弹尽粮绝，最后被攻陷。存在了上千年的拜占庭帝国从此灭亡。

穆罕默德派了一支先遣部队保护当地的重要建筑物，例如圣使徒教堂。破城之后，按照古代军事的习俗，抢掠了三日。对于那些自愿归顺的村庄，其居民及教堂获准免受奥斯曼军侵扰，并且穆罕默德还派部队保护他们。

局面平静后，穆罕默德列队进城，还有当地的居民献花表示恭贺。后来君士坦丁堡成为奥斯曼土耳其帝国的新首都，圣索菲亚大教堂被改为清真寺。

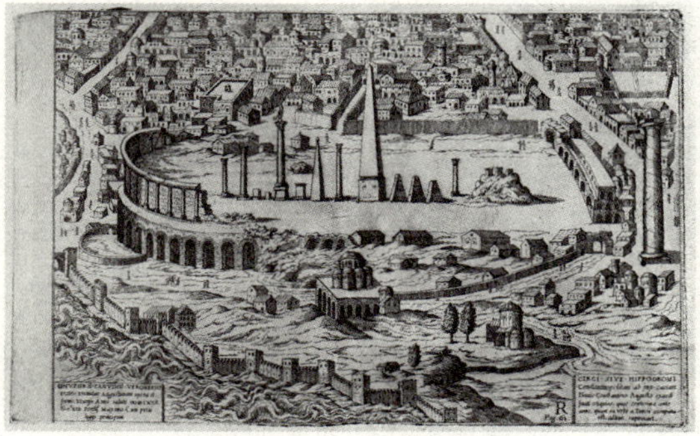
君士坦丁堡陷落

在君士坦丁堡进行战斗的时候，曾经导致了欧亚两洲的贸易的中断，这让欧洲人开始认真考虑经海路到达亚洲的可行性，最终促成欧洲人发现新大陆。

君士坦丁堡的陷落标志着中世纪时代结束及文艺复兴时代的开始，因为它代表了欧洲旧有宗教秩序的结束，及大炮和火药的广泛使用。

玫瑰战争与都铎王朝

提到玫瑰，我们会想起一些美好浪漫的事情，然而，英国历史上的红白玫瑰之战却充满了残酷与血腥。“玫瑰战争”一词出自莎士比亚，他在历史剧《亨利六世》中以两朵玫瑰被拔标志战争的开始。玫瑰是两个家族所选的家徽：兰开斯特的家徽红玫瑰和约克的家徽白玫瑰。

都铎王朝王徽

亨利四世用生硬编造的33条理由杀死自己的堂兄理查二世，自己戴上王冠后，就对自己的另一名堂兄约克公爵爱德华很忌惮。但是自己不能直接对爱德华动手。后来爱德华在百年的英法战争中死去，他弟弟剑桥伯爵的儿子小查理继承了王位。

后来小查理继承了约克伯爵、剑桥伯爵、马奇伯爵、北爱尔兰伯爵的封地，成为英格兰仅次于国王的大领主，开始了兰开斯特家族与约克家族的对抗局面。

当百年英法战争英国的惨败传回国内时，亨利六世受不了这个打击，精神病发作了。很多人认为亨利不适合再当国王。于是成立了摄政理事会，约克家族的首领约克公爵理查任摄政王。查理趁机加强对王位的争夺。

不过在1455年，亨利的痊愈打击了查理的野心，约克公爵被兰开斯特派赶出朝廷。为了重新获得权力，约克公爵决定用武力夺取政权，于是在1455年第一次圣阿尔班斯战役中挑起争端，开始了玫瑰战争。

1455年5月，约克公爵打着“清君侧”的口号，对兰开斯特派进行了清理，约克和他的同盟重新获得地位和影响力，并且重新任摄政王。

事件	地区	时间（年）
“夺门之变”爆发，名将于谦被害	亚洲	1457
约克王朝建立	欧洲	1461
法王路易十一即位	欧洲	1461

时间（年）	地区	事件
15世纪下半叶	欧洲	勃艮第并入法国
1462	欧洲	法王路易十二出生
1469	欧洲	政治家马基雅维利出生
1470	欧洲	威尼斯炼金术士学得中国烧制瓷器的办法

1460年，约克指挥的军队在北安普敦战役中，抓住了亨利国王，把他当作俘虏带往英国。当约克在国会召开时直接走向王座，贵族们都被他的傲慢震惊了，那些贵族还没有推翻亨利的打算。后来约克拿出了详尽的族谱，获得了贵族谅解，不过贵族投票认为，亨利仍然应继续担任国王，而约克为亨利的王位继承者，玛格利特和爱德华王子被逐出伦敦。不过这样的调停结果让兰开斯特家族不能接受。

大战又开始了，查理及儿子在战争中死亡，约克的长子爱德华成为约克公爵和王位的继承人。爱德华继续作战，后来带领军队进入伦敦，受到了热烈的欢迎，得到了国会的确认。在决定性的陶顿大战中，新国王取得胜利。1461年爱德华四世正式加冕成为英国的新国王。

不过因为沃里克和乔治的叛变，爱德华四世被迫逃往法国。后来在查尔斯的支持下，爱德华击败了沃里克，很快亨利六世被杀，年仅14岁的亨利·都铎作为兰开斯特家族仅存的男性继承人，被他叔叔带着逃到法国布列塔尼。爱德华四世的复位标志着玫瑰战争的结束。

1483年4月，爱德华四世病逝，两个月后他的弟弟就废黜爱德华五世自己登上了王位，成为理查三世。为了终结不断篡权谋反的政治现状，他进行了一些政治改革，给予中下层支持，这触动了大贵族的利益，引起了贵族的不满。

1485年8月，亨利·都铎在法国国王的资助下率军回国，他一路前进，几乎没有遭到什么抵抗，贵族纷纷带队加入。在博斯沃斯决战中理查三世战死。

10月，亨利·都铎在伦敦举行加冕典礼，成为英王亨利七世。后来他又迎娶了约克的伊丽莎白，平息了继位合法性的争论，开启了一个新的王朝——都铎王朝。他将兰开斯特的红玫瑰和约克的白玫瑰合并组成都铎王朝的王徽。

英国都铎王朝时期被称为英国历史上君主专制制度发展的黄金时期。王朝的统治者通过议会、宗教等方面的改革建立和巩固加强了王权，而强大的王权又保证了强大的民族国家的形成。

经历了都铎王朝之后，英国的封建色彩日渐淡薄。资本主义萌芽得到发展，城市商品经济的发展对封建农本经济产生了瓦解作用。英国已经完全走出了旧时代，向着近代民族国家大踏步地前进。

事件	地区	时间（年）
大儒王守仁出生	亚洲	1472

第六章　认识世界

文艺复兴

中世纪时，人们认为文艺在古希腊、古罗马时代都是高度繁荣的，只是到了中世纪后衰落了，直到 14 世纪才获得“复兴”，所以“文艺复兴”是指 14—17 世纪时一场新兴资产阶级要求的欧洲思想文化运动。

文艺复兴最先在意大利兴起，然后扩展到西欧各国，在 16 世纪时达到顶峰，带来了一段科学与艺术的革命时期，揭开了近代欧洲历史的序幕，被认为是中古时代和近代的分界。文艺复兴是西欧近代三大思想解放运动之一。

15 世纪中期，君士坦丁堡被攻破，让东罗马的许多学者带着大批的古希腊和古罗马的艺术珍品和文学、历史、哲学等书籍，纷纷逃往西欧避难，从而引发了欧洲的思想文化运动，这就是文艺复兴。

中世纪时期，意大利独特的政治结构，导致了与众不同的社会氛围，从而为意大利的文化繁荣提供了必要的条件。14 世纪后，意大利各城市逐渐从共和制走向独裁。这些独裁者耽于享乐，信奉新柏拉图主义，希望早日摆脱宗教禁欲主义的束缚，大力保护艺术家对世俗生活的描绘。

同时罗马教廷也开始走向腐败，教皇的享乐主义比世俗独裁者还厉害，所以他们也在保护艺术家，允许艺术家偏离正统的宗教教条。

但丁的《神曲》反对教皇的独裁，他的作品影响了彼特拉克和薄伽丘。后来彼特拉克写下了著名的叙事史诗《阿非利加》，使彼特拉克蜚声诗坛。他把自己的文艺思想和学术思想称为“人学”或“人文学”，来与“神学”相对立。他大声呼吁，要来“一个古代学术——它的语言、文学风格和道德思想的复兴”。因此，彼特拉克是文艺复兴的发起者，

事件	地区	时间（年）
西班牙女王伊莎贝拉一世即位	欧洲	1474
明朝设立特务机构西厂	亚洲	1477
曲阜孔庙重建	亚洲	约 1480

时间（年）	地区	事件
1480	欧洲	伊凡三世结束了蒙古的统治
1483	欧洲	画家拉斐尔出生
1483	欧洲	宗教改革家马丁·路德出生

有“人文主义之父”之称。

1348年，黑死病的流行，促使薄伽丘写出了欧洲文学史上第一部现实主义巨著《十日谈》。这部作品导致了文艺复兴在意大利愈来愈势不可当，随后文艺复兴也迅速地传播开了。

文艺复兴时期出现了大量的人才。15世纪时科学技术的提高，还有地理知识的进步，引发了大航海时代。文艺复兴还产生了像达·芬奇、拉斐尔、米开朗琪罗这样杰出的美术家，还有像伊拉斯谟、马基雅维利这样的哲学家，以及音乐家帕莱斯特里那、拉索，作家塞万提斯，戏剧家洛卜·德·维加等。

文艺复兴恢复了人们对学问的兴趣，提高了生活水准，让很多技术得到更新。到了1500年，欧洲国家的很多重要科技领先世界。

文艺复兴是历史上第一次资产阶级的思想解放运动，它推动了世界文化的发展，促进了人民的觉醒，为资本主义的发展提供了思想文化的基础。不过在传播的过程中，它过分强调人的价值，在后期造成了个人私欲的膨胀，产生了一些负面的影响。

地理大发现

15到17世纪，欧洲航海者对海洋和陆地的探索和发现被欧洲史学界称为“地理大发现”时期。

地理大发现的根源在于奥斯曼土耳其帝国的兴起。1453年，奥斯曼土耳其帝国攻占东罗马帝国首都君士坦丁堡，东罗马帝国灭亡。奥斯曼土耳其帝国的强势崛起，阻断了欧洲向东方的陆路通道，为了继续与东方贸易，欧洲迫切需要打通前往东方的海路通道，于是便有了早期的对外航海探险。

再加上 15 世纪初期，欧洲资本主义萌芽，手工业的发展带动了欧洲的商业贸易的繁荣，欧洲商人们为了更多的财富不断地向外扩张，在当时欧洲流传甚广的《马可·波罗游记》中所描述的充满黄金和财宝的东方世界，更是激发了欧洲人向东追寻财富的热情。加之当时欧洲航海技术的提高，促使了欧洲探险者不断地在大海上探寻，为地理大发现奠定了基础。

1487 年，葡萄牙为了开辟一条通往东方的新航路，由巴托罗缪·迪亚士率领船队出发探险，最终抵达了非洲南端的好望角，为葡萄牙寻找通向东方的道路做出了重大贡献。1497 年 7 月 8 日，葡萄牙贵族瓦斯哥·达·伽马奉葡王之命从里斯本出发，开辟通往东方的新航路，达·伽马乘船绕过好望角，沿非洲东海岸北上，横渡印度洋，于 1498 年 5 月 20 日到达印度西海岸的卡里库特，为葡萄牙开辟了一条通往亚洲的新航线。

马可·波罗画像

同时，西班牙为了寻找通向印度和中国的新航路，伊莎贝拉女王资助了克里斯托弗·哥伦布的探险活动，希望他找到一条替代葡萄牙人南非航线的新航路。1492 年 8 月 3 日，哥伦布从巴罗斯港（即古都塞维尔，今称塞维利亚）出发，率领探险队西行，横渡大西洋，寻找通向亚洲的航路。哥伦布的探险并没有为西班牙找到通向亚洲的航路，但哥伦布并不是毫无所获，他意外地发现了当时还没有被开发过的新大陆——美洲大陆，哥伦布在掠夺了大量白银和黄金之后返回西班牙，哥伦布的发现在欧洲引发了巨大的轰动，被称为“新大陆的发现”。

事件	地区	时间（年）
英国都铎王朝建立	欧洲	1485
柏林成为勃兰登堡侯府首府	欧洲	1486
明孝宗即位	欧洲	1487

时间（年）	地区	事件
1491	欧洲	法国基本实现统一
1492	欧洲	西班牙王国建立
1493	欧洲	奥地利大公马克西米利安一世即位

1519年9月20日，葡萄牙航海家斐迪南·麦哲伦接受了西班牙王室资助的探险任务。这次探险的目的，是去寻找向西通往香料群岛（亦称东印度群岛）的贸易路线。麦哲伦率探险队从巴罗斯港出发，横渡大西洋，沿巴西东海岸南下，绕过南美大陆南端与火地岛之间的海峡（即后来所称的麦哲伦海峡）进入太平洋。在1521年3月到达菲律宾群岛时麦哲伦被当地人所杀。不过麦哲伦的同伴没有放弃，继续航行，终于到达了“香料群岛”（今马鲁古群岛）中的哈马黑拉岛。之后，又经小巽他群岛，穿过印度洋，绕过好望角，循非洲西海岸北行，于1522年9月7日回到西班牙，完成了人类历史上第一次环球航行。

梦想着东方的西方船队

“地理大发现”对世界的影响是巨大的，世界市场被连接成一个整体，欧洲进入了数千年来最繁荣的时期，世界霸主在欧洲各国间交替产生。但欧洲在繁荣的同时也带来了疯狂的殖民掠夺，从而导致亚非拉的贫困落后，最终远落后于西方。

《托尔德西里亚斯条约》

地理大发现将一个完整的世界呈现在了西方人的眼中，然后，掠夺和殖民就成了那一时代的主题。

在早期的对外殖民当中，西班牙和葡萄牙占据着主角地位，两国还曾经因为“分赃不均”大打出手，直到教皇出面才平息了这场划分世界的邪恶争斗。

1494 年 6 月 7 日，在西班牙卡斯蒂利亚的托尔德西里亚斯，西班牙和葡萄牙两国在教皇的见证下签订了《托尔德西里亚斯条约》，双方达成协议，为了避免纠纷，两国以“教皇子午线（那亚速尔群岛和佛得角群岛以西 100 里格的子午线）”为界分割欧洲之外的世界。

《托尔德西里亚斯条约》签订的起因是哥伦布发现新大陆以后，西班牙和葡萄牙为了哥伦布发现的新土地产生了争执。

葡萄牙为了新土地的归属权，决定采取军事行动，从西班牙人和土著手中夺取土地。

西班牙得到消息后十分震惊，于是请求罗马教皇亚历山大六世（西班牙人）仲裁，表示西班牙应有权掌握哥伦布发现的新土地和佛得角群岛以西 100 里格（约 600 公里）沿大西洋之线往西的全部土地。

经过教皇亚历山大六世的协调，两国达成共识，最终在西班牙卡斯蒂利亚的托尔德西里亚斯小镇签订了协议，就是《托尔德西里亚斯条约》。

“裁决”世界的教皇亚历山大六世

协议规定两国以西经 46° 37′ 的南北经线（史称“教皇子午线”）为界线：分界线以西新发现的土地归西班牙，以东发现的土地归葡萄牙。

西班牙、葡萄牙两国分别于 1494 年的 7 月 2 日和 9 月 5 日批准了该条约。

《托尔德西里亚斯条约》既保护了西班牙在 1493 年哥伦布向大西洋西部航行时发现的新领土和葡萄牙向非洲南部海洋探索的利益，同时避免了两国之间的战争，双方各得其利。

1529 年两国在麦哲伦环球航行之后又重新签订了一份协议《萨拉戈萨条约》，用以明确这一分割在太平洋上的位置。

事　件	地　区	时间（年）
作家拉伯雷出生	欧洲	约 1494
达 · 伽马到达印度	亚洲	1497
巴西开始沦为葡萄牙殖民地	南美洲	1500

时间(年)	地区	事件
1503	欧洲	教皇尤利马斯二世即位
1505	亚洲	八达岭长城关城建成

马丁·路德宗教改革

马基雅维利的《君主论》为王权的兴起提供了理论基础，而马丁·路德的改革，则为教权的衰落写下了注脚。

整个中世纪，教权都笼罩在欧洲的上空，社会在宗教的控制下死气沉沉，毫无生机。

马丁·路德，16 世纪欧洲宗教改革倡导者，基督教新教路德宗创始人。

作为宗教改革的发起者，马丁·路德对欧洲的社会形态产生了深远的影响。

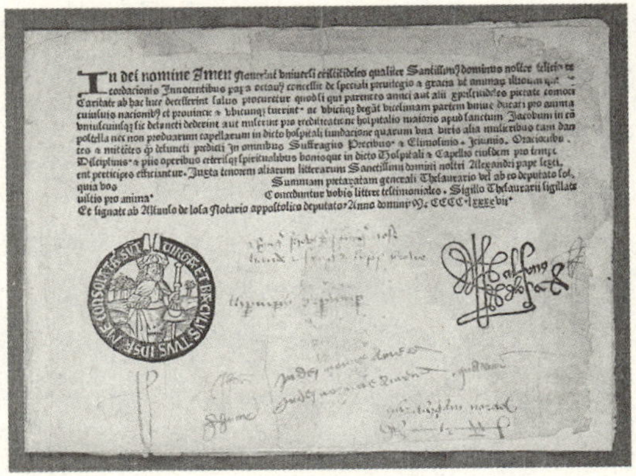

赎罪券

16 世纪，资本主义萌芽开始出现，而此时，将世俗从宗教控制下解放出来，就成了社会发展的必然。

资本主义的发展，封建君主和神权的斗争，民众的诉求和罗马教廷思想的分歧，尤其是赎罪券的出现彻底成为宗教改革的导火索。在这场轰轰烈烈的改革中，马丁·路德作为先驱者被永远地载入了史册。

1483 年 11 月 10 日，马丁·路德出生在神圣罗马帝国一个普通的小矿主家庭，他是这个社会底层家庭的第八个孩子。

马丁·路德从小就被父亲送到大城市就学，为了补足上学时的花费，马丁·路德和其他孩子组成了一个唱诗班，为富有的人家演唱圣诗。

1505年，马丁·路德成为埃尔福特的奥斯定会修道院的一名见习修道士，1507年成为一名神父。1512年，马丁·路德获得了神学博士学位，同年在维滕堡大学担任《圣经》研究教授一职，任教30年。

1517年，罗马教廷开始大规模出售赎罪券，赤裸裸地搜刮民间财富，这引起了一直对宗教现状不满的马丁·路德的反对。

1517年10月31日，为了反对教廷出售赎罪券的行为，马丁·路德在他所在的教会的门上贴出了他反对赎罪券的《九十五条论纲》。

1518年，德意志教区长痛斥马丁·路德为异端，同年8月马丁收到了来自罗马的命令，命令马丁·路德60天内到罗马出庭，回应对他异端与抗命的控告。在腓特烈领主的斡旋下，马丁·路德接受枢机主教迦耶坦的私下审查，保证了人身安全。

1520年，教会下令烧毁马丁·路德的所有书籍。马丁·路德在同年10月发表了《致德意志基督教贵族公开书》澄清他的观点，改革的序幕拉开。

至今恢宏的罗马教廷

马丁·路德在《九十五条论纲》中宣布反对教皇售卖赎罪券，他认为赎罪券的购买鼓励了处于罪恶中的人不去思考自己的罪恶，不去向上帝乞求饶恕，不利于教会的发展和人的品行。

马丁·路德主张，人人在上帝与《圣经》面前都是平等的；信仰的唯一依据是《圣经》，马丁·路

事件	地区	时间(年)
明孝宗病逝，明武宗朱厚照即位	亚洲	1506
圣彼得大教堂重建	欧洲	1506
帖木尔帝国灭亡	亚洲	1507

时间（年）	地区	事件
1509	欧洲	英王亨利八世即位
1513	欧洲	教皇利奥十世即位
1515	欧洲	法国进入昂古莱姆王朝时期

德“因信称义”的思想反映了当时正在兴起的资产阶级要求自由、平等的愿望和反封建的思想。

宗教改革打击了天主教会的统治地位，促进了资本主义的发展，欧洲人民得以从封建思想中解放出来，为资本主义发展提供了良好的社会环境。

马基雅维利与《君主论》

在欧洲，商业的发展使得个人获利，让宗教的禁锢显得不再那么牢固，人们的思想解放催生了王权对教权的削弱，在这种情况下，马基雅维利的《君主论》为欧洲王权的复兴提供了理论基础。

尼可罗·马基雅维利是意大利政治思想家和历史学家。

马基雅维利为政治学和法学摆脱神学和伦理学的束缚走向独立学科开辟了新的道路。他的思想常被概括为马基雅维利主义，主张为达目的不择手段，绝对维护君主至高无上的权威。代表作品有《君主论》和《论李维〈罗马史〉前十卷》。

1469 年 5 月 3 日，马基雅维利诞生于意大利地区的佛罗伦萨王国。当时的佛罗伦萨处于美第奇家族的统治之下，这种统治稳固但饱受争议，民间一直对美第奇家族有着各种各样的不满。

1494 年，反抗美第奇家族的起义爆发，马基雅维利参与其中，走出了进入政坛的第一步，出任佛罗伦萨共和国第二国务秘书助理。

马基雅维利雕像

1498年，马基雅维利又被任命为佛罗伦萨共和国第二秘书厅秘书长，负责起草政府文件和佛罗伦萨防务，并出使各国。

1505年12月，马基雅维利开始筹建公民兵，组建公民兵是对马基雅维利学说的实践，以公民组成军队是佛罗伦萨王国历史上的壮举，也是马基雅维利对雇佣兵的极端不信任的产物。

然而，公民兵并没有能够挡住美第奇家族的反扑。1512年，马基雅维利栖身的索德里尼政府垮台，马基雅维利旋即被解除了国务秘书的职务。

1513年2月，马基雅维利卷入一场政治阴谋被逮捕，遭到严刑逼供。一个月后，他在朋友的帮助下被释放，此后再也没有涉足政坛，而是隐居庄园，过起了著书立说的生活。不久，他的两部著作《君主论》和《论提图斯·李维罗马史前十卷》相继问世。

14年之后的1527年6月22日，马基雅维利安静地离开了人世。

《君主论》是马基雅维利阐述君主专制和君王权术的理论著作，大胆地将政治与伦理道德分离，马基雅维利认为政治的基础不再是伦理道德，而应由权力取而代之。马基雅维利认为国家的产生是出于人性本身的需要，并不是上帝的意志，从而否认了君权神授。

《君主论》对不同类型的君主国做了明确的区分，如世袭君主国、混合君主国、依靠自己武力和能力获得的新君主国、依靠他人的武力或者由于幸运而获得的新君主国、市民君主国和宗教君主国等等。启示实行统治的君主们如何参照别国的历史经验，结合本国实际情况，因地制宜地建立适合自己的君主政体。

《君主论》是马基雅维利的代表作，被欧洲君主政治家们奉为最高指南。西方评论界将它列为和《圣经》《资本论》等相提并论的影响人类历史的十部著作之一。

1532年，罗马教皇克莱门特七世亲自批准出版该书。在以后的20年内该书曾重版了

事件	地区	时间（年）
西班牙进入哈布斯堡王朝时期	欧洲	1516
李时珍出生	亚洲	1518
西班牙国王查理五世即位	欧洲	1519

时间（年）	地区	事件
1519	欧洲	麦哲伦开始环球航行
1520	非洲	阿尔及利亚被奥斯曼土耳其帝国统治
1521	北美洲	西班牙入侵墨西哥地区

25 次，对欧洲的历史进程影响极大。

莫卧儿王朝建立

莫卧儿王朝是印度史上一个辉煌的时代，它建立于 1526 年，开国皇帝是蒙古人帖木儿的后裔巴布尔（巴布尔是“老虎”的意思）。野心勃勃的巴布尔从小就十分崇拜自己那被称为“成吉思汗第二”的先祖帖木儿，渴望着和先祖帖木儿一样威震四方。

1494 年，巴布尔在 11 岁的时候继承了自己父亲的王位成为费尔干纳的王，并夺取了撒马尔罕地区，但当时帖木儿帝国已经衰落。1501 年，乌兹别克人入侵了巴布尔的领地，被乌兹别克人击败的巴布尔只能四处流窜，后在喀布尔安身。

1510 年，乌兹别克人兵败，巴布尔趁机夺回了撒马尔罕，但当地人并不拥护他，巴布尔只能退回喀布尔。1519 年，巴布尔向北印度进攻，获得胜利，1526 年，巴布尔建立了莫卧儿王朝，又在 1527 年击败印度诸侯，确立了莫卧儿王朝的统治地位。

莫卧儿王朝的遗产——泰姬陵

莫卧儿王朝是一个信奉伊斯兰教的国家，国家的上层全部为穆斯林和蒙古人。底层民众则信奉印度教。使用波斯语为官方语言。

莫卧儿王朝在第三代统治者阿克巴统治时期实行了文化融合和宗教宽容的政策，这一政策促进了莫卧儿王朝的发展，使这段时期成为莫卧儿王朝历史上的全盛时期。这一政策后来因为叛乱的原因被第四代统治者所抛弃。到了第五代皇帝沙贾汗时期，因为沙贾汗大兴土木和收取繁重的赋税被自己的儿子奥朗则布推翻，但由于沙贾汗统治时遗留下来的问题，莫卧儿王朝不可避免地走向了衰落。

1858 年，大英帝国在印度的殖民地争夺中战胜了法兰西殖民帝国、荷兰殖民帝国和葡萄牙殖民帝国等，获得了印度殖民地的所有权，莫卧儿王朝皇帝成为大英帝国的傀儡，英国维多利亚女王成为印度女皇，莫卧儿王朝覆灭，印度沦为英国的殖民地。

莫卧儿王朝为中央集权制国家，权力集中于皇帝一身，由四位分别管理财政、军事、工商业和宗教司法的大臣辅佐。

莫卧儿王朝将全国划分为 15 个苏巴（省）：孟加拉、奥里萨、比哈尔、阿拉哈巴德、阿瓦德、阿格拉、马拉瓦、坎德什、贝拉尔、古贾拉特、阿吉摩尔、木尔坦、德里、拉合尔、喀布尔。

莫卧儿王朝将伊斯兰教法律和世俗法相结合，设有中央大法官，负责全国的法官任命。皇帝拥有伊斯兰教法的最高解释权。

莫卧儿王朝重视农业，但是其手工业十分发达，技术水平远远超过同时期欧洲各国。

莫卧儿王朝在建筑方面取得了十分耀眼的艺术成就。融合了印度、波斯和土耳其等多地艺术特色，莫卧儿王朝的建筑恢宏大气，具有极高的审美价值，对后来印度的建筑产生了深远的影响。泰姬陵、阿格拉红堡、胜利之城等著名建筑都是莫卧儿王朝留下的珍贵遗产。

麦哲伦船队开始环球航行

麦哲伦环球航行是世界史上一座里程碑，麦哲伦的成功证明了地球是圆的，人类开始对世界有了新的认识。

事件	地区	时间（年）
明武宗逝世，明世宗即位	亚洲	1521
德国农民战争爆发	欧洲	1524

时间（年）	地　区	事　件
1529	欧洲	英格兰进行宗教改革

斐迪南·麦哲伦 1480 年出生于葡萄牙北部波尔图一个没落的骑士家庭，小时候曾担任过皇后的侍童。

麦哲伦 1496 年被选入国家航海事务所，后来跟随阿尔梅达（葡萄牙驻印度第一任总督）的舰队参加 1505 年葡萄牙对非洲的殖民战争。

古代欧洲人认为大地是个平面，海洋是有尽头的，尽头是巨大的无底洞。但也有一些古希腊的学者认为大地是圆的，麦哲伦便是地圆说的拥护者。

麦哲伦像

麦哲伦为了证明地圆说的正确性，向葡萄牙王室提出环球航行计划，请求国家支持，当时麦哲伦的提议并没有得到国家的支持。

麦哲伦提议失败后离开了自己的国家，来到了西班牙并请求西班牙支持他的环球航行计划。西班牙国王为了获得东方的财富决定支持麦哲伦的计划。

在西班牙国王的支持下，麦哲伦在 1519 年 9 月 20 日带着一支由 5 艘船和 200 多人组成的探险队从西班牙的圣·卢卡尔港出发，开始了环球探险。

1520 年 11 月 28 日麦哲伦终于发现大西洋通往太平洋的海峡，这条海峡被人们称为麦哲伦海峡。

1522 年 9 月 6 日麦哲伦的船队中的“维多利亚号”远洋帆船回到了西班牙，历时 1082 天，航线全长 60440 公里。麦哲伦出发时率领的 5 艘船及 200 多人，在完成环球航行之后只有 1 艘船和 18 名船员回到了西班牙。其间麦哲伦于 1521 年途经菲律宾群岛时与当地土著产生冲突，麦哲伦被一支毒箭射中丧命。

麦哲伦的环球航行证明了地球是圆的，全世界的海洋是连在一起的。

哥白尼与《天体运行论》

16 世纪的早期，欧洲教权统治依然坚固，但这也只是黎明前最后的黑暗，点亮自由之光的，不仅仅有宗教人士的改革、王权的兴起，还有自然科学的发展。

在 16 世纪早期的自然科学发展中，《天体运行论》的出现毫无疑问是最闪亮的一页。

《天体运行论》是文艺复兴时期波兰天文学家哥白尼撰写的关于天体运行的天文学著作，哥白尼在书中以“日心说”为宇宙的真理，即太阳是宇宙的中心，地球和其他一切行星都围绕着太阳运行。

“日心说”的出现是天文学和自然科学的一次重大革命，虽然后来的研究证明“日心说”也并不是完全准确的，但是“日心说”的出现还是为当时欧洲社会的变革提供了巨大的动力。

“日心说”推翻了长久以来在人们心中占据统治地位的“地心说”，人们认识到大地并不是宇宙的中心。人们脚下的大地可能是一个球形，地球和其他行星都围绕着太阳运转。

“日心说”的胜利，给了当时统治欧洲的天主教以沉重的打击，地球不是宇宙的中心，关于神的形象，宗教的说法也让人难以信服，欧洲人的思想从此得以解放。

尼古拉·哥白尼于 1473 年 2 月 19 日出生在波兰的维斯瓦河畔托伦市的一个富裕家庭，他少年时曾就读于克拉科夫大学，后前往西欧游学。

1499 年，哥白尼从博洛尼亚大学毕业，成为一名天主教教士，回到了波兰费琅堡天主教大教堂工作，住在教堂的顶楼，在夜晚进行天文观测。

1512 年，哥白尼的舅舅去世，哥白尼在弗赖堡居住，他在弗赖堡的箭楼上建立了一座天文台用来进行天文观测。一直到 1543 年 5 月 24 日逝世，哥白尼都没有离开弗赖堡。

1536 年，哥白尼完成了《天体运行论》的创作，正式提出了“日心说”。

事件	地区	时间（年）
西班牙入侵秘鲁，印加帝国灭亡	欧洲	1532
英国通过《至尊法案》案规定英王为英国教会首脑	欧洲	1534
哥白尼完成了《天体运行论》	欧洲	1536

时间（年）	地　区	事　件
1543	欧洲	《天体运行论》出版
1543	欧洲	哥白尼逝世
1547	欧洲	伊凡四世自称沙皇，俄罗斯帝国建立

1543 年，《天体运行论》在哥白尼逝世之前出版。据说，当时生命垂危的哥白尼，在死亡到来之前用手抚摸了一下从纽伦堡寄来的《天体运行论》样书，便与世长辞了。

初版的《天体运行论》

《天体运行论》出版时，并没用引起人们的重视，大家都只把这本书当作编算行星表的一种方法，因此并未引起教廷的重视。直到后来，教皇意识到此书对于宗教的“危害”，将此书列为禁书，《天体运行论》才逐渐为人们所重视，并最终撼动了整个天主教的权威。

《天体运行论》的出现，使得自然科学从教会的权威下解脱出来，人们通过此书开始真正地认识世界和宇宙，为之后人类正确的宇宙观奠定了基础。

尼德兰起义

欧洲王权和民权的兴起，反过来又促进了资本主义进一步发展，此时的资本主义虽然尚处于手工业和简单商业时期，但在一些地区，却也积累起了足够推动社会变革的力量，其中最有代表性的便是尼德兰资产阶级独立运动。

尼德兰是 16 世纪西欧经济非常发达的地区，拥有 300 多万人口、近百个中小城市，手工业发展旺盛，资本主义在这里发展迅速。

此时的尼德兰地区仍然在西班牙王国国王查理一世的统治之下，西班牙王室对尼德兰地区征收重税，尼德兰缴纳的税赋占到西班牙国库税收的一半以上。

可想而知，这样的封建统治严重阻碍了尼德兰的资本主义发展，同时西班牙支持宗教裁判所对尼德兰地区人民的迫害，引发了尼德兰社会各个阶层的不满。

西班牙腓力二世国王登基后，西班牙对尼德兰人民的压迫更加严重。他提高西班牙供应给尼德兰的农牧业原料价格，尤其是羊毛价格翻了几番，使得尼德兰大批手工业工厂倒闭，成千上万工人失业。

与此同时，西班牙王室还禁止尼德兰商人和西班牙殖民地直接贸易，让王室作为中间商，从而牟取暴利。

西班牙王室同时还拒绝偿还欠下的国债，致使尼德兰银行家损失惨重。尼德兰地区和西班牙之间的矛盾与日俱增。

1566 年 4 月，尼德兰贵族联合起来向西班牙驻尼德兰总督玛格丽特女公爵请愿，他们希望西班牙能够停止对加尔文教派新教徒的迫害，为此尼德兰贵族愿意效忠西班牙国王。西班牙国王并没有同意他们的请愿，西班牙对尼德兰的迫害并没有停止。

反映尼德兰人民生活的油画

面对西班牙封建专制统治下的残酷压迫，愤怒的尼德兰群众掀起了革命的浪潮，他们冲进了天主教的教堂，捣毁了教堂，推倒了神像。数万名忍无可忍的尼德兰人参与到此次行动中，尼德兰革命的序幕就此拉开。

事 件	地 区	时间（年）
科学家伽利略出生	欧洲	1564
尼德兰起义开始	欧洲	1566
阿尔发公爵镇压尼德兰起义	欧洲	1567
天文学家开普勒出生	欧洲	1571

时间（年）	地区	事件
1573	欧洲	尼德兰北方各省宣布独立
1580	欧洲	荷兰共和国成立
1609	欧洲	签订《十二年停战协定》

西班牙国王腓力二世收到情报后立刻调兵遣将，命令西班牙阿尔发公爵成立“除暴委员会”，率领大军镇压尼德兰革命。

1567 年 8 月，阿尔发率领军队抵达尼德兰，阿尔发公爵为了镇压尼德兰人民的起义，以血腥的手段处死了 8000 多名起义者和尼德兰贵族厄格蒙特伯爵。同时尼德兰资产阶级的领袖安特卫普的市长也被阿尔发公爵处死。

尼德兰独立战争油画

在阿尔发公爵的残暴镇压下，起义者纷纷逃离国土，寻求别国的帮助，并组织军队进攻身在尼德兰的阿尔发公爵。身在尼德兰的广大平民则被迫组成了一支支的游击队伍，与阿尔发公爵的军队展开战斗。

直到一支名叫“海上乞丐”的尼德兰游击队驾驶着轻便的小船意外地攻占了西兰岛的布里尔，尼德兰游击队才终于有了革命据点。这也鼓舞了广大的尼德兰革命战士们，尼德兰独立运动走向高潮。

1573 年底，尼德兰北方各省基本从西班牙手中解放出来，宣布独立。1576 年，西班牙在尼德兰的总督府被尼德兰起义群众占领，同年 10 月，全尼德兰签订了《根特协定》，宣布废除阿尔发公爵颁布的全部法令。1580 年，尼德兰北方各省宣布废黜腓力二世，成立联省共和国（又称荷兰共和国）。1609 年 4 月，西班牙和荷兰共和国签订《十二年停战协定》，标志着尼德兰独立运动获得了胜利。

第七章　殖民、扩张与改革

万历援朝战争

大明万历皇帝像

丰臣秀吉塑像

万历援朝战争为万历年间明朝帮助朝鲜抗击日本侵略的战争。

万历援朝鲜战争从1592年开始至1598年结束历时7年之久，其间在1593年中日双方议和。1596年日本丰臣秀吉发动了第二次战争，直至1598年，因丰臣秀吉的死亡，日军撤退，万历援朝战争结束。

1588年，日本太阁丰臣秀吉统一了日本，为了平息国内因利益分配不均所带来的矛盾，1591年5月，丰臣秀吉决定对外战争以获得更多利益，转移国内的矛盾，于是在1591年6月，派出使者通告朝鲜国王李昖，假意借道朝鲜进攻明朝，希望朝鲜能给予支持，被朝鲜国王拒绝。

1592年4月，日本以朝鲜拒绝攻打明朝为理由发动了对朝鲜的战争。丰臣秀吉为了进攻朝鲜共调动了军队30万余人，以宇喜多秀家为总指挥官，率领15万余人，分为9个军团渡海至朝鲜作战。任命九鬼加隆率领8750人和700艘舰船用以海战和运输士兵。另外在肥前名护屋（佐贺县）地区集结了10万余人的预备队。

1592年4月14日，日本军队从朝鲜釜山登陆，5月2日占领朝鲜都城汉城，6月15日攻陷朝鲜平壤。

事件	地区	时间（年）
日军进攻朝鲜	亚洲	1592
日军在釜山登陆	亚洲	1592
日军占领汉城	亚洲	1592

时间（年）	地区	事件
1592	亚洲	日军攻陷平壤
1592	亚洲	明朝派遣佟养正前往朝鲜
1592	亚洲	明军出兵长途奔袭平壤城
1593	亚洲	明朝和日本议和
1597	亚洲	日本再次侵略朝鲜
1597	亚洲	明朝再次出兵援助朝鲜
1598	亚洲	明军班师回朝

此时朝鲜国内如同明朝一样，朝堂党争不断，互相倾轧，军队腐化，朝廷根本组织不起像样的抵抗，只有乡勇自发组织的义军在抗争。整个朝鲜短时间内仅剩很小的一部分还未被日军占领。朝鲜皇帝流亡到明朝边境，向明朝求援。

明朝在确认朝鲜求援消息属实后，认为“倭寇之图朝鲜，意实在中国，而我兵之救朝鲜实所以保中国”，出兵援助朝鲜。

1592 年 6 月，明朝派遣宽奠堡、副总兵、都指挥佟养正渡江前往朝鲜义州附近刺探军情。明朝与朝鲜对援军事务进行磋商，因朝鲜没有粮饷，明朝只能由中央给援军拨饷，同时由国内调集粮食供给军队。

1592 年 7 月 17 日，明军出兵长途奔袭平壤城，因军情失误，明军第一次作战失败。10 月，明朝从全国范围调集了精锐，跨过鸭绿江赴朝鲜作战，帮助朝鲜收复平壤、开城。

1593 年 6 月，日本因海战失利，军队补给无法送达，于是派遣使者和明朝议和。双方因语言不通，谈判只在沈惟敬和小西行长之间进行，两人欺上瞒下，小西行长对丰臣秀吉谎称明朝答应日本的条件，沈惟敬对同行的其他使者诈称日本已同意向明朝称臣。在沈惟敬和小西行长的努力下双方几乎达成“协议”。1595 年 1 月，明朝派遣使者和沈惟敬前往日本，封丰臣秀吉为日本国王。

沈惟敬在从日本回来的途中，滞留在朝鲜不敢回国，并自己假造了一份日本的谢恩表，递交给朝廷，此事败露，万历皇帝大怒，再次派兵支援朝鲜。

1597 年初，日本再次出动了陆军 141490 人，水军 7200 人，入侵朝鲜。2 月，明朝以麻贵为总兵再次援助朝鲜。5 月，30000 明军作为第一批援军，赶到朝鲜。

1597 年，明朝联军与日军先后进行了蔚山之战、鸣梁海战和露梁海战三场重大的战役，最终击败日军，万历朝鲜战争最终取得了胜利。1598 年 4 月，明军班师回朝。

英国东印度公司

英国东印度公司创立于1600年，公司由一群商人创立，英国王室为了支持他们，授予了他们21年东印度贸易垄断权。公司刚刚创立时叫作“伦敦商人在东印度的贸易公司”。

经过多年发展，在1698年，东印度公司从当时印度的统治者莫卧儿王朝的皇帝手中买下了位于孟加拉湾恒河口岸的加尔各答。

东印度公司在加尔各答设立了贸易总站，把加尔各答周边的粮食和其他商品运回英国，赚取了大量财富，为东印度公司的扩张提供了充足的资金。

东印度公司为了加速在印度的扩张，获得更多财富，还招收当地人训练成属于东印度公司的雇佣军，由欧洲军官指挥。这支军队为英国占领印度起了重大的作用。

东印度公司在英国王室的支持下多次对印度进行殖民战争，疯狂地掠夺他国财富。除了1799年迈索尔首府被攻陷，价值1500多万英镑的财宝被东印度公司洗劫一空。

除了战争和殖民手段外，东印度公司强迫孟加拉农民种植鸦片，再把鸦片走私到中国牟取暴利。

1813年英国取消了东印度公司的贸易垄断特权，英国政府开始直接接手中国的商业事务，东印度公司失去了主要的利润来源，公司开始走下坡路。

1838年，林则徐在广州虎门销烟，沉重打击了英国与东印度公司的利益，1840年鸦片战争爆发，清朝战败。

1858年，东印度公司在印度无法为英国提供更多的作用之后，取消了东印度公司，英国政府被英国王室抛弃，直接接管印度，东印度公司破产。

事件	地区	时间（年）
英国东印度公司成立	欧洲	1600
“三十年战争”爆发	欧洲	1618
英国船只“五月花号”到达北美	北美洲	1620

时间(年)	地　区	事　件
1622	欧洲	作家莫里哀出生
1625	欧洲	查理一世成为英国国王
1635	欧洲	法兰西科学院成立

英国东印度公司作为英国王室支持下的特殊组织，和以商业贸易为主的公司相比，更像是一个殖民政府机构。东印度公司在印度地区不仅拥有贸易的垄断权，还拥有自己的军队和舰队，甚至还具有直接在殖民地建立政府机构和发起战争等诸多权利。

虎门炮台一隅

东印度公司的建立为英国的资本积累起到了重大作用。

需要指出的是，东印度公司的叫法起源于哥伦布发现美洲大陆时错把美洲大陆当成印度大陆，于是后来人们便把哥伦布发现的美洲加勒比海附近的岛屿称作“西印度”，真正的印度称为“东印度”。

查理一世

查理一世是英国历史上唯一一位被送上断头台的国王。

1625 年 3 月 27 日，英格兰国王詹姆士一世去世，其次子查理继位，是为查理一世。詹姆士一世在位期间，虽然对宗教问题比较宽容，甚至在某种程度上偏袒代表资产阶级利益的新教徒，但对于资产阶级的政治诉求却十分不屑。

詹姆士一世去世之后，国内政治势力将改革的期望寄托在查理一世身上，然而查理一世的表现让他们十分失望。

查理一世作为一个封建专制帝国的国王，肆意妄为，独断专权，压榨人民，阻碍

查理一世画像

了英国资产阶级的发展，严重损害了资产阶级的利益，激化了社会矛盾，导致了两次英国内战。

查理一世在1625年和1626年召开了两次议会，讨论英国和法国、西班牙战争的拨款问题，结果查理一世的财政决议均遭到了议会的拒绝。查理一世与议会形成对立。

1628年，查理一世表示要进行妥协，于是第三次议会召开，在会上，议会以西班牙战争失败为理由严厉地指责国王，并拒绝王室提出的财政方案，恼怒的查理一世宣布无限期停止召开议会。

12年后，因为无休止的战争拖垮了王室和政府，查理一世为了筹集款项，被迫再次召开议会，查理一世意图以部分妥协的方式换取议会的财政支持。

然而，议会却起草了《大抗议书》，要求限制王权，取消国王的专制权，国王的行为应受到议会监督。查理一世拒绝接受，国王与议会彻底决裂。

纳西比战役

随后，经过多次的博弈和讨论，决裂终于演变成了战争。1642年，查理一世率领部队讨伐议会，掀起了第一次英国内战。

在内战中，查理一世带领经验丰富的保王派军队一开始便占据了主导地位，议会军多是新招募的士兵，虽

事件	地区	时间（年）
皇太极改国号为清	亚洲	1636
英国资产阶级革命爆发	欧洲	1640
英国议会起草《大抗议书》	欧洲	1640
查理一世挑起内战	欧洲	1642

时间（年）	地区	事件
1642	欧洲	科学家牛顿出生
1642	大洋洲	荷兰探险家发现新西兰
1644	北美洲	英国夺取新阿姆斯特丹，改名纽约

然军队财力雄厚，但作战经验欠缺，致使战况极度被动。

1643，贵族国会议员克伦威尔在战场上逐渐脱颖而出，他出色的指挥才能帮助议会军稳住了阵脚，并逐渐开始反攻。1645 年 6 月 14 日，查理一世的军队在纳西比附近被击溃，查理一世逃跑，1646 年 5 月 5 日向苏格兰投降。

1647 年 1 月，查理一世被议会以 40 万英镑的代价买了回来，并全部对其永久软禁。

1647 年 11 月，查理一世逃往怀特岛与各地保王党取得联系。

1648 年，查理一世发起了第二次与议会的内战。1648 年 8 月 17 日，克伦威尔又击败了查理一世的部队，议会获得最终胜利。

1649 年，查理一世以背叛他的国家和人民为罪名被处死。1649 年 1 月 30 日，查理一世被送上断头台，英吉利共和国成立。

查理一世被处死时，神态从容，带着微笑，自己走到断头台前，维护了自己作为国王最后的尊严。

1653年4月20日，为击败查理一世做出重大贡献的克伦威尔发动了政变，议会被解散，年底克伦威尔自封“护国主”英国陷入克伦威尔个人军事独裁统治中，英吉利共和国名存实亡。

1658 年，克伦威尔病逝，英国因为中央权力真空陷入一片混乱。然而，任谁也没有想到的是，这短暂的混乱竟然成了英国强大的开始。

斯图亚特王朝复辟

斯图亚特王朝起源于布列塔尼半岛。12 世纪初，该家族从布列塔尼半岛搬迁到英国，家族成员世代承袭苏格兰国王任命的宫廷总管“斯图亚特”这个职务，后来该家族便以斯

斯图亚特王朝徽章

红衣主教

图亚特为姓氏，斯图亚特家族由此诞生。

14 世纪初，斯图亚特家族成员作为苏格兰国王的外孙，继承了苏格兰国王罗伯特一世的王位，称罗伯特二世。

1503 年，斯图亚特家族成员与英国国王的女儿联姻，其后裔在 1603 年继承了英国王位，成为詹姆士一世。

1625 年，詹姆士一世的儿子查理一世继位。其间爆发了革命。

1649 年，查理一世被克伦威尔领导的议会判处死刑，送上断头台，斯图亚特王朝第一次覆灭，英吉利共和国成立。

1658 年，“护国主”克伦威尔病逝，英国陷入混乱状态。资产阶级和新贵族对英国的混乱感到不满，为了维护他们的利益，他们与流亡海外的查理一世之子查理二世进行了谈判。他们可以承认查理二世恢复王位，但查理二世要保证他们的利益不被侵犯。

1660 年，查理二世恢复王位后，宣布保证大家的财产不变，不追究革命时期大家的行为，承认革命取得的成果。资产阶级和新贵族拥护查理二世登基，斯图亚特王朝复辟。

1685 年，查理二世去世，他的弟弟詹姆士二世继承了王位。因为詹姆士二世是天主教徒，詹姆士二世继位后希望提高天主教徒在英国国内的地位，引起了议会和

事件	地区	时间（年）
英国议会获得最终胜利	欧洲	1648
查理一世被处死	欧洲	1649
克伦威尔成为护国主	欧洲	1653

时间（年）	地区	事件
1654	亚洲	郑芝龙奉命招降其子郑成功
1656	亚洲	抗清名将李定国拥护永历帝前往昆明
1659	亚洲	郑成功北伐失利，返回厦门

英国国教（圣公会）的不满，詹姆士二世被新教徒视为敌人。

1688 年 11 月 5 日，詹姆士二世的女婿威廉三世在信奉新教的贵族们的支持下进攻英国，詹姆士二世的所有新教徒部下都在威廉登陆英国之后叛变了。12 月 11 日，詹姆士二世丢弃了国王的印玺出逃。

1689 年 2 月 12 日，威廉三世召开惯例议会，议会申明詹姆士二世出逃被视为自动放弃王位，会议决定立詹姆士二世的女儿玛丽二世和威廉三世二人为英国女王和英国国王，二人共同统治英国。

1701 年，英国国会颁布了《王位继承法》。

1702 年，玛丽的妹妹安妮根据《王位继承法》，继承了玛丽女王和威廉国王去世后留下的王位。1714 年，安妮女王去世后，乔治一世作为斯图亚特家族女儿的后裔继承了英国王位。

斯图亚特家族的詹姆士·爱德华和查理·爱德华曾先后企图通过武力夺取英国王位，延续斯图亚特家族的荣耀，但均没有成功。

1807 年，在约克公爵亨利去世之后，斯图亚特家族再无有机会继承英国王位之人，斯图亚特王朝彻底沉寂。

罗曼诺夫王朝建立

罗曼诺夫王朝是俄罗斯历史上最强盛的王朝之一，俄罗斯也正是在罗曼诺夫王朝期间从一个东欧闭塞的小国，发展成横跨亚欧两个大陆的庞大帝国。

罗曼诺夫王朝的统治者被称作沙皇，罗曼诺夫王朝的第一代沙皇是米哈伊尔·费奥多罗维奇·罗曼诺夫。米哈伊尔去世后，他的长子，阿列克谢·米哈伊洛维奇即位。阿列克

彼得一世画像

谢在位期间发动了对波兰－立陶宛联邦的俄波战争，吞并了东乌克兰。阿列克谢因病去世后，年幼的长子费奥多尔继位，朝政被皇太后纳雷什金家族把持，纳雷什金家族摄政期间武力吞并了第聂伯河以东地区。

1682年，沙皇费奥多尔病逝，由于费奥多尔没有子嗣，纳雷什金家族拥立费奥多尔继母娜塔莉亚皇太后的儿子彼得为新沙皇，称为彼得一世，也就是罗曼诺夫王朝历史上著名的彼得大帝。彼得大帝继位时，野心勃勃的费奥多尔的姐姐索菲亚·阿列克谢耶芙娜·罗曼诺娃女大公夺权，将自己的弟弟伊凡五世立为第一沙皇，彼得只是第二沙皇，罗曼诺夫王朝的权力掌握在索菲亚手中。索菲亚掌权时期对清朝发动战争，与清朝签订了《尼布楚条约》。

1689年，彼得一世推翻了同父异母的姐姐索菲亚大公的统治，伊凡五世放弃权力。1694年，娜塔莉亚皇太后去世。1696年，伊凡五世去世，彼得一世成为罗曼诺夫王朝唯一的统治者。

彼得大帝在1697年，曾跟随出国考察的使团化身为彼得下士，在荷兰、英国等地学习西方的先进技术。回国后，彼得一世为了国家的发展，积极鼓励民众向西方国家学习先进的技术和知识，建立了俄国第一家兵工厂和报社，彼得一世的政策使他成为罗曼诺夫王朝资本化的奠基人和开拓者。

罗曼诺夫王朝作为一个内陆国家，为了获得海上的资源，在17世纪彼得大帝发动了长达21年的“北方战争”，打败了当时的北方强国瑞典，夺取了芬兰和波罗的海的出海口，并在与波斯的战争中获得了里海沿岸的控制权。彼得一世还在和奥斯曼土耳

事件	地区	时间（年）
法国与西班牙签订《比利牛斯和约》	欧洲	1659
凡尔赛宫开始建造	欧洲	1661
清廷下迁界令	亚洲	1661

时间（年）	地区	事件
1662	亚洲	郑成功卒，其子郑经即位
1666	欧洲	伦敦发生大火
1667	亚洲	康熙帝开始亲政

其帝国的战争中获得了胜利，得到了奥斯曼土耳其帝国手中的黑海出海口，罗曼诺夫王朝走向兴盛。

1724 年，彼得一世去世，皇后叶卡捷琳娜继承彼得的皇位，成为叶卡捷琳娜一世。俄罗斯科学院于叶卡捷琳娜一世在位期间成立。1727 年，叶卡捷琳娜一世去世。彼得一世的孙子继位，称彼得二世。

1730 年彼得二世去世，伊凡五世之女安娜继位。1740 年安娜女皇去世，来自德意志不满 1 岁的伊凡六世继位，德意志贵族借此掌控罗曼诺夫王朝朝政。1741 年，彼得一世之女发动宫廷政变，加冕为王，称伊丽莎白女皇，设立莫斯科大学。1762 年伊丽莎白女皇去世，彼得大帝的外孙彼得三世继位。

1745 年，彼得三世的妻子叶卡捷琳娜二世，夺取了彼得三世的皇位称帝。在叶卡捷琳娜二世的领导下，罗曼诺夫王朝先后参加了三次俄、普、奥瓜分波兰的战争，两次俄土战争，一次俄瑞战争，为罗曼诺夫王朝夺得了大片土地，后世俄国版图以此为基础，叶卡捷琳娜二世也成为俄国史上最著名的女皇。

叶卡捷琳娜二世去世后，即位的是他的儿子保罗，史称保罗一世，但 1801 年他就死于政变。

保罗死后，亚历山大一世成为罗曼诺夫王朝的统治者，亚历山大一世在位期间，带领俄国参加了反法同盟，打败了不可一世的法兰西皇帝拿破仑·波拿巴。

1856 年，俄国在克里米亚战争中失利，国内矛盾尖锐，农奴制无法再为俄国提供前进动力。

1861 年，亚历山大二世开始改革，罗曼诺夫王朝走上资本主义道路。

1917 年，俄国二月革命爆发，3 月 15 日，沙皇尼古拉二世被迫宣布退位，他想让位给米哈伊尔大公，但遭到拒绝，罗曼诺夫王朝覆灭。

彼得大帝

反映彼得大帝改革的油画

彼得大帝，即彼得一世，沙皇阿列克谢一世之子，罗曼诺夫王朝的第五位沙皇。因为他在位期间对俄罗斯帝国的经济、政治、军事和宗教等进行了改革，使数百万人脱离了黑暗时代，为俄国赶上欧洲文明，成为世界强国做出巨大贡献，因此被后世人尊称为“彼得大帝”。

1682 年，年幼的彼得大帝与同父异母的哥哥伊凡一同被立为沙皇，被称为第二沙皇，伊凡的姐姐索菲亚欺彼得年幼，独揽国家大权。

彼得大帝很早就展现出了非凡的才华。1689 年，彼得率领亲自训练的“少年军”平息了索菲亚发动的叛乱，把索菲亚关进了修道院。

1695 年，彼得大帝远征土耳其失败。彼得大帝吸取教训，在沃顿河岸建立了造船厂，建立了俄国史上第一支舰队，再次远征土耳其，夺得了亚速海及附近地区。

为了壮大国家，1697 年，彼得大帝派出使团前往西欧学习先进的科学技术。彼得大帝化装成彼得下士，随着使团前往西欧各国，还曾亲自在荷兰的造船厂做一名普通的工人，学习造船技术，并聘请大量的科技人员到俄国工作，传授俄国人科学技术。

彼得大帝在西欧看到了西欧国家强大的原因，决定在俄国实行改革，向西欧国家学习。

事件	地区	时间（年）
清廷下令禁止传播天主教	亚洲	1669
吴三桂起兵反清，“三藩之乱”爆发	亚洲	1673
英国国会通过《人身保护法》，英国逐渐形成两党制雏形	欧洲	1679

时间（年）	地区	事件
1681	亚洲	清军攻破昆明，“三藩之乱”平定
1685	亚洲	清军收复雅克萨城
1687	欧洲	牛顿发现万有引力

回国后，大臣们来问候归来的彼得大帝时，彼得大帝突然拿起剪刀，剪掉了他们的胡子，令他们改服易俗，拉开了俄罗斯帝国改革的序幕。

彼得大帝设立了枢密院，鼓励人民开办工厂，发展贸易，设立学校，规定贵族子弟必须上学，否则不能继承爵位；派遣留学生去欧洲学习，引进历法、简化俄文；建立了俄国第一座图书馆、医院、剧院、博物馆、印刷所。彼得大帝还曾亲自担任第一份报纸的主编。

在彼得大帝改革中，彼得大帝的儿子阿列克谢因为反对他的改革，被彼得大帝处死。

彼得大帝在改革的同时还对北欧强国瑞典发动战争，夺取波罗的海入海口，在初期战争失利后，彼得大帝对俄国军事进行了进一步的改革。废除了旧的军队制度，实行征兵制，建立正规的海、陆军队，兴建兵工厂，为部队提供先进的武器装备设置军事学院，聘请欧洲教师，教授先进的军事战术，培养专业的军官，提高军队的战斗力。如此，彼得大帝一举击败了瑞典部队，夺取了波罗的海出海口。

彼得大帝在位期间南征北战，使曾经落后的俄国变成了西至波罗的海，东到白令海峡，北到北冰洋，南到里海的庞大帝国。

光荣革命

光荣革命是英国1688年发生的一场没有流血的革命，英王詹姆士二世的女儿玛丽和女婿威廉在英国议会的辉格党人和托利党人的支持下废黜了信奉天主教的詹姆士二世，推翻了腐朽的斯图亚特王朝的封建统治，成立了第一个君主立宪制的资产阶级民主国家。

1685年，信奉天主教的旧教徒在詹姆士二世的任命下进入了军队、大学、政府部门，担任了重要职位，引起了英国议会和新教徒的强烈不满。

詹姆士二世执政期间颁布了《信仰自由宣言》，给天主教徒和其他非英国国教信徒信

英国著名的坎特伯雷大教堂

仰自由，并强制命令英国国教主教宣读。他同时与英国在工商业的主要竞争者法国关系密切。这损害了英国资产阶级的利益。

1688年，詹姆士二世得子，辉格党人和托利党人为了避免天主教形成对英国的统治，邀请在荷兰信仰英国国教的詹姆士二世的女儿玛丽和女婿威廉成为国王，罢黜了詹姆士二世。

威廉的军队登陆英国的时候，整个英国信奉国教的教徒夹道欢迎，詹姆士二世仓皇出逃。威廉三世和玛丽二世登基，议会和资产阶级获得胜利。

威廉三世和玛丽二世继位后，议会颁布了《权利法案》。国王的权力受到了法律的约束，为资本主义发展扫清道路。英国成为君主立宪制国家。

《权利法案》全称为《国民权利与自由和王位继承宣言》，它明确地规定了，未经议会同意，国王没有废除法律或停止法律实施的权力。没有议会的同意，国王没有征收赋税的权力。未经议会许可，国王没有组建军队的权力等多条内容，英国国王日益“统而不治”。

光荣革命的成功，标志着英国资产阶级完全掌握了国家政权。英国成为资本主义国家，为工业革命的到来提供了基础。

光荣革命是一场不彻底的资产阶级革命，由于英国资产阶级发展不够充分，英国封建旧贵族势力仍然拥有强大的力量，英国资产阶级和新贵族又不想再次为英国带来战争，于是双方互相让步。保留国王的君主立宪政体就是英国资产阶级、新贵族和封建旧贵族势力

事件	地区	时间（年）
英国光荣革命爆发，詹姆士二世被罢黜	欧洲	1688
思想家孟德斯鸠出生	欧洲	1689

时间（年）	地区	事件
1689	欧洲	俄国沙皇彼得一世大婚
1689	亚洲	中俄《尼布楚条约》签订
1689	欧洲	英国颁布《权利法案》

相互妥协的产物。

光荣革命后，英国国王的权力不再是上帝赋予国王的，而是议会赋予的，议会成为英国的最高权力机关。

日不落帝国

“日不落帝国”指的是太阳永远不会在其领土上落下的帝国，也就是指在全球 24 个时区都有领土存在，就算是此地的太阳落下也会有其他属于这个国家的领土上的太阳正好同时升起，永远有一部分领土照耀在太阳的光辉之下的庞大帝国。

历史上一共诞生过两个“日不落帝国”，分别是西班牙帝国和大英帝国。

16 世纪的西班牙帝国是最早被称为“日不落帝国”的国家。作为地理大发现和殖民扩张的先驱，西班牙的探险家和殖民者横跨大西洋占领了美洲大面积的土地，在东亚和非洲获得了广阔的殖民地，组建了令人闻风丧胆的“无敌舰队”，西班牙的船队出现在世界各地。1580 年，西班牙帝国甚至兼并了强大的葡萄牙帝国，获得了葡萄牙帝国所有的殖民地。强盛的西班牙几乎把整个中南美洲据为己有，还有半个尼德兰、半个亚平宁半岛、整个伊比利亚半岛、亚洲的菲律宾群岛。西班牙成为欧洲无可争议的霸主，这段时间被后世称为“西班牙统治下的和平时代”。

“日不落帝国”的称谓来源于当时西班牙的国王查理五世（又兼任神圣罗马帝国的皇帝）所说的“在朕的领土上，太阳永不落下”。

光荣革命后的英国以全新的姿态，为欧洲局势的稳定提供了重要力量，同时海外力量的不断扩张为英国带了丰厚的利益。在奥地利王位继承争夺战和七年战争中英国击败了法国和西班牙的海上力量，夺取了法国在北美和印度的几乎所有殖民地，英国成为海上霸主。

维多利亚女王

英国人开始自称“日不落帝国”。1815 年在击败了拿破仑领导的法兰西第一帝国后，英国一跃成为世界第一强国。

维多利亚女王统治时期，英国进入有史以来最为璀璨的时代。英国成为真正的无可争议的庞大的“日不落帝国”。站在整个世界的顶端，统治着 3367 万平方公里的土地，约占全世界陆地总面积的 24.75%。从英伦三岛扩展到冈比亚、纽芬兰、加拿大、新西兰、澳大利亚、马来亚、缅甸、印度、乌干达、肯尼亚、南非、尼日利亚、马耳他、新加坡以及无数岛屿，每时每刻都有大英帝国的领土在太阳的光辉下。

巅峰时期的英国人曾骄傲地说：“北美和俄国的平原是我们的玉米地，加拿大和波罗的海是我们的林区，澳大利亚是我们的牧场，秘鲁是我们的银矿，南非和澳大利亚是我们的金矿，印度和中国是我们的茶叶种植园，东印度群岛是我们的甘蔗、咖啡、香料种植园，美国南部是我们的棉花种植园。”

到了 20 世纪，“不列颠治下的和平”被打破，尤其是第二次世界大战后，英国日渐衰落。在全球民族主义运动下，大英帝国曾经的殖民地纷纷独立，大英帝国逐渐瓦解，英联邦成立。英联邦中虽然拥有大部分英国前殖民地国家，但英联邦已经无法再影响和控制其他的国家成员了。统治世界的“日不落”大英帝国落下帷幕。

事　件	地　区	时间（年）
文学家伏尔泰出生	欧洲	1694
清朝开始修建圆明园	亚洲	1709
哲学家卢梭出生	欧洲	1712

第八章 启蒙的声音

启蒙运动

在英国人进行技术革命、北美开展独立运动的时候，欧洲大陆也在经历一场重大的变革，那就是从思想领域扩散开来的启蒙运动。

启蒙运动是发生在 17 到 18 世纪继文艺复兴运动后的又一场资产阶级和人民大众反封建专制和反对教会思想束缚，宣传自由、平等和民主的思想文化运动。

18 世纪法国人民的行为和思想仍然被天主教会和国王操纵着。在文艺复兴运动后，自然科学取得了很大的进步，天主教会的很多教义不攻自破，同时在资本主义发展的影响下，人们在思想领域掀起了一场反对封建专制、反对天主教会思想束缚的思想解放运动。

启蒙在法语中的本意是“光明”，当时的启蒙思想家们认为，启蒙运动是引导世界走出充满专制、非理性、盲目信念的黑暗时期，迎接充满理性、自由、平等的光明时代。

伏尔泰

启蒙时期的思想家们对封建制度和天主教会展开了口诛笔伐，从理论上证明了封建制度的不合理，并提出了一整套哲学理论、政治纲领和社会改革方案，对理性社会进行猜想和描绘。

启蒙运动的思想家们反对愚昧主义，提倡普及文化教育，引导人民理性思考，建立独立于宗教之外的道德、美学、思想知识体系。

法国巴黎是启蒙运动的中心，法语是启蒙思想家通用的语言。伏尔泰是法国启蒙运动的领袖，他的思

事件	地区	时间（年）
启蒙运动	欧洲	17—18 世纪
意大利美帝奇家族终结	欧洲	1737
莫斯科大学建校	欧洲	1755

时间（年）	地　区	事　件
1759	欧洲	大英博物馆开馆
1763	欧洲	英法七年战争结束
1766	欧洲	社会学家马尔萨斯出生

想对欧洲产生了巨大的影响。

伏尔泰主张开明政治，反对封建专制，强调资产阶级自由和平等。认为天赋人权，法律面前人人平等。

孟德斯鸠，法国启蒙运动学者，主张君主立宪制，反对君主专制，提出三权分立，认为国家的权力应分为立法权、行政权和司法权，彼此制衡。

狄德罗，百科全书派代表人物，法国唯物主义哲学家、美学家、文学家、教育理论家，第一部法国《百科全书》主编。

卢梭，法国著名启蒙思想家，人民主权的捍卫者。主张天赋人权，主权在民。他认为一切权力属于人民，权力的表现和运用必须体现人民的意志。政府和官吏是人民委任的，人民有权委任他们，也有权撤换他们，甚至有权起义，消灭奴役压迫人民的统治者。

洛克，英国启蒙运动代表人物，他认为人们按契约成立国家的目的是保护私有财产，因此国家不应干涉公民的私有财产。私有财产是人权的基础，没有私有财产无人权可谈。

启蒙时期的思想家坚信人的理性，认为他们有责任依据人不变的理性为道德、宗教、伦理奠定基础。

启蒙运动为欧美资产阶级革命做了思想上和理论上的准备。为法国大革命爆发，推翻专制王朝，做了充分的思想准备。它启迪了人们的思想，促进近代科技进步。

蒸汽机与工业革命

遍布世界的殖民地给英国带来了无与伦比的财富，依靠这些财富，英国有条件在各个领域进行探索。而作为世界的工厂，英国也迫切需要提高生产效率的手段，在这种情况下，蒸汽机这个偶然又必然的技术革新，最终引领了一场席卷全球的工业革命，并最终缔造了今天的世界。

18 世纪英国的手工业工厂生产已经满足不了市场的需求，工厂需要更高效的生产方式。于是一场盛大的技术革命出现了。机器开始代替人力，为工厂和社会提供了更方便快捷的生产方式。

工业革命的开启是由英国工人哈格里夫斯发明了珍妮纺纱机引发的，纺织速度得到了飞速的提升，大大提高了工作效率，降低了生产成本，推动了英国全社会层面技术的革新浪潮。就是在这股浪潮中，蒸汽机诞生了。

蒸汽机作为第一次工业革命最重要的标志，为工业的发展做出了巨大的贡献，蒸汽机的应用标志着生产形式开始变革，农业社会开始向工业社会转变，机器代替了手工劳动，以劳工为主的手工工场被以机器为主的工厂取代。

反映工业革命的油画

公元 1 世纪，古希腊数学家希罗发明的汽转球，被认为是世界上最早的蒸汽机雏形。1712 年，托马斯·纽科门制造出了早期的工业蒸汽器，蒸汽机开始初步被应用。

1776 年，瓦特对蒸汽机进行了改良，改良后的蒸汽机效率得到了成倍的提高，并大大地减少了消耗。从这以后，蒸汽机开始在采矿、

事件	地区	时间（年）
工业革命开始	欧洲	18 世纪 60 年代
法国购得科西嘉岛	欧洲	1768
哲学家黑格尔出生	欧洲	1770

时间（年）	地区	事件
1770	欧洲	音乐家贝多芬出生
1770	亚洲	俄国占领克里米亚
1772	亚洲	《四库全书》开始修纂

冶炼、纺织、机器制造等行业迅速普及。工厂的生产效率得到了大大的提高，生产成本下降，工厂的利润大幅度增加，资产阶级越来越重视技术的进步。

1807年，美国人富尔顿发明的以蒸汽机为动力的汽船试航成功；1814年，英国人斯蒂芬孙发明了蒸汽机车；1825年，斯蒂芬孙发明的蒸汽火车试驾成功，蒸汽机全面成为交通运输的主要动力。交通成本开始下降，各地之间沟通变得更便捷，促进了陆地贸易的发展。

蒸汽机的出现促进了工业革命的发展，工业革命的发展推动了英国的强大，随着英国的扩张，工业革命开始向世界范围传播，资产阶级的统治在世界范围内不断巩固和扩大。

波士顿倾茶事件

英国资本主义的发展需要大量的原材料和更为广阔的市场，在这种情况下，英国开始加进对各殖民地的掠夺，于是，殖民地第一次反抗浪潮出现了，代表事件便是由波士顿倾茶事件开启的北美独立战争。

波士顿倾茶事件是由反对殖民主义的激进组织“自由之子”协会领导的，反对英国国会颁布的《茶税法》，将东印度公司运来的茶叶倾倒在波士顿湾的政治示威事件。

《茶税法》是英国议会1773年为了帮助财政困难的东印度公司颁布的。《茶税法》规定北美殖民地的殖民者应去购买东印度公司那些被征收过“唐森德税”的茶叶。同时英国政府通过了《救济东印度公司条例》，命令禁止殖民地贩卖“私茶”，打击茶叶走私，免除东印度公司茶叶的关税。东印度公司获得了英国政府授权的北美殖民地茶叶专利权，北美殖民地的茶叶被东印度公司垄断。

波士顿倾茶事件就是北美殖民者反对《茶税法》的激进抗议行为。北美殖民者认为，

波士顿倾茶事件纪念邮票

《茶税法》损害了他们的权利。因为北美殖民者在国会没有直接的代表，而英国的宪法规定，英国公民享有“无代表，不纳税”的权利。因此英国国会针对殖民地的法律是无效的。同时北美殖民者认为，如果他们继续购买东印度公司的茶叶就等于他们接受英国政府的压迫、剥削，承认英国对殖民地征税和制定法律。

1773年12月16日，8000多名波士顿人集会抗议英政府，当晚，60名“自由之子”成员在塞缪尔·亚当斯和约翰·汉考克的带领下化装成印第安人将东印度公司运输船上的茶叶全部倾倒在海里。1773年12月23日的《马萨诸塞时报》描述道：“涨潮时，水面上漂满了破碎的箱子和茶叶。自城市的南部一直延绵到多彻斯特湾，还有一部分被冲上岸。”

波士顿倾茶事件发生后，英国政府认为此事是北美殖民地对英国统治的反抗，将性质归结为叛乱，于是英政府开始了对北美殖民地的镇压。

1774年英国政府颁布了《波士顿港口法》《马萨诸塞政府法》《司法法》和《驻营法》四项法令，剥夺了殖民地人民的政治和司法权，规定英军可强行进驻殖民地民宅搜查，取消马萨诸塞的自治地位，封闭北美最大的港口波士顿港。

在英国的镇压下，北美民众反而更加坚强地联合了起来，他们召开了第一届大陆会议，号召殖民地人民抵制英货。

事　件	地　区	时间（年）
俄普奥三国第一次瓜分波兰	欧洲	1772
英国政治经济学家大卫·李嘉图出生	欧洲	1772
空想社会主义者傅立叶出生	欧洲	1772

时间（年）	地区	事件
1772	南极	英国开始南极探险
1774	欧洲	法王路易十六即位
1774	亚洲	英国人开始频繁入藏
18世纪	亚洲	英国垄断时清朝的鸦片贸易

在这种情况下，英政府和殖民地自治势力之间的矛盾越来越大，终于，战争爆发了。

莱克星顿的枪声

美国最初只是英国殖民者在美洲大西洋沿岸建立的13个殖民地。后来英政府为了增加财政收入，不断地增加殖民地的税收，对殖民地进行残酷的压榨和剥削。殖民地的民众对英政府的不满日益严重。

1765年，英国政府对殖民征收印花税。印花税法案规定，一切公文、契约合同、执照、报纸、杂志、广告、单据、遗嘱等，都必须贴上印花税票，才能生效流通。殖民地民众对于这种蛮横的征税行为十分愤怒，为了表示他们的不满，他们组织结社，武装反抗，抵制英货，焚烧税票，赶走税吏。英国政府对此非常不满，派来军队镇压殖民地群众。军队到达北美后由于军纪不严，英国军人刁难行人、调戏妇女的事情时有发生，当地人民与英国军队关系不断恶化。

1770年3月，英国士兵开枪打死了5名聚众抗议的波士顿群众，造成了波士顿惨案，北美人民奋起反抗，英国和北美殖民地冲突升级。

1775年4月18日，英国总督兼驻军总司派800名士兵前往距离波士顿不远的康科德，搜查反英组织的军火仓库和领导人。

反英组织“自由之子”的成员保尔·瑞维尔和威廉·戴维斯得到消息后立刻骑马向各地的民兵报警。莱克星顿村的民兵在得到消息后立刻组织起来迎击英军。当英军到达莱克星顿时发现几十名莱克星顿的民兵站在村前，端着枪怒视着英军，双方坚持了一段时间，不知是谁先开了第一枪，于是英军和莱克星顿的民兵不可避免地发生枪战，民兵由于人少很快便撤离了战场，隐藏起来。英军在莱克星顿民兵的阻击下，当赶到康科德的时候，康

莱克星顿纪念塔

科德的民兵和军火已经隐藏了起来。英军在撤退时遭到了民兵的偷袭，英国士兵狼狈地逃回了波士顿。

莱克星顿的枪声拉开了北美独立战争的序幕，反对英国殖民统治的战火点燃了整个北美大地。

北美独立战争胜利，英国殖民统治结束，实现了美国的独立，对欧洲和拉丁美洲的独立具有一定的推动作用。

莱克星顿的枪声被人们称为“美国自由的摇篮”，认为它是美国自由独立的象征。莱克星顿镇的中心还竖立着一座纪念碑。纪念碑上有一尊手持步枪的民兵雕像，纪念碑上还刻着一段话：“坚守阵地。在敌人没有开枪射击以前，不要先开枪；但是，如果敌人硬要把战争强加在我们头上，那么，就让战争从这儿开始吧！”

《独立宣言》

《独立宣言》，美国立国文书之一，是北美洲 13 个英属殖民地宣告自大不列颠王国独立，并宣告此举正当性的文告。

1775 年，由于英属北美殖民地和英国之间冲突不断，终于传出莱克星顿的枪声，美

事件	地区	时间（年）
教皇庇护六世即位	欧洲	1775
瓦特的新式蒸汽机用于实际生产	欧洲	1776

时间（年）	地区	事件
1778	欧洲	法国承认美国独立
1783	欧洲	《巴黎和约》签订，英国承认美国独立
1784	亚洲	美国商船首次抵达广州，两国通商开始

国独立战争爆发。

战争开始之初，美国人并没有完全独立的想法，但1776年托马斯·潘恩发表的《常识》中，托马斯·潘恩用生动简练的语言解答了北美殖民地人民关心的问题。并呼吁，殖民地人民必须与英国一刀两断，建立自己的共和国。他强调真正的权力必须而且只有来源于人民。他的理论被北美殖民地的人民接受，特别是中下层的人民，对托马斯·潘恩的理论非常支持，坚定地投入战争，北美殖民地的人民开始为了完全独立而战。

1776年6月7日，第一次大陆会议中有议员提出议案，认为他们应当解除一切与英王的从属关系，废除与大不列颠王国一切的政治联系。

6月10日，约翰·亚当斯、本杰明·富兰克林、托马斯·杰斐逊、罗伯特·李文斯顿、罗杰·谢尔曼组成了负责草拟《独立宣言》工作的五人小组。宣言由托马斯·杰斐逊起草，富兰克林和亚当斯进行了修订。6月28日由五人小组上呈大陆会议。7月2日，会议签署通过了《独立宣言》。7月4日，英属北美殖民地的13个州正式签字通过《独立宣言》，宣告美国独立。会议的决议文中写道："兹决议：合众殖民地为，亦应为，自由独立之国家，其免除自身对不列颠王室之拥戴；其与大不列颠国之一切政治联系为，亦应为，彻底无效。"

《独立宣言》由四个部分组成，第一部分为前言，阐述了宣言的目的。第二部分为政治思想，即自然权利学说和主权在民思想。第三部分为英国压迫北美殖民地人民的罪状，说明殖民地人民是被迫拿起武器的，力陈独立的合法性和正义性。在宣言的最后一部分，美利坚庄严宣告独立。

《独立宣言》作为美国立国文书之一，其中多条理念被编入了美国宪法。《独立宣言》也成为美国人保障自身公民权利和自由的依据。

《独立宣言》明确表示：

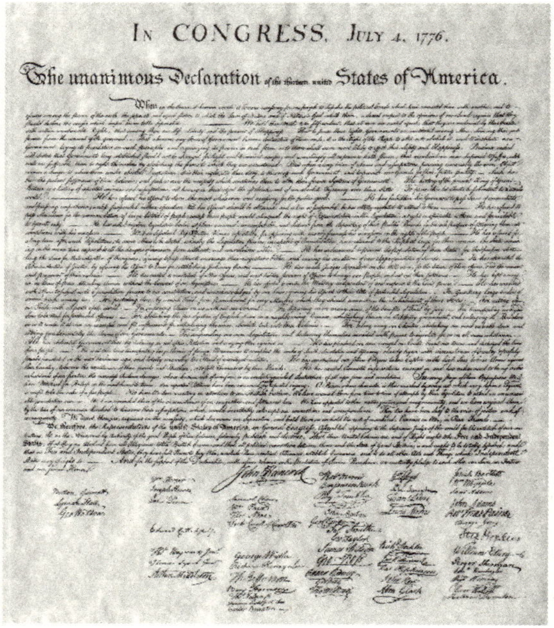
IN CONGRESS, JULY 4, 1776.

The unanimous Declaration of the thirteen united States of America.

美国《独立宣言》

每个人被神创造时都是平等的，造物者赋予他们若干不可剥夺的权利，其中包括生命权、自由权和追求幸福的权利。

为了保障这些权利，人类才在他们之间建立政府，而政府之正当权力，是经被治理者的同意而产生的。

当任何形式的政府对这些目标具破坏作用时，人民便有权改变或废除它，以建立一个新的政府；

当追逐同一目标的一连串滥用职权和强取豪夺发生，证明政府企图把人民置于专制统治之下时，那么人民就有权，也有义务推翻这个政府，并为他们未来的安全建立新的保障。

欧洲天灾和法国大革命

18 世纪末，虽然通过工业革命，英国已经走上了资本主义工业化的道路，但在欧洲大陆，农业依然是主导的经济发展模式，这无疑就显得十分不协调。

当时，欧洲大陆最强大的国家是法国。在法国，农业经济依然占有主导地位，这导致社会经济发展缓慢，人民对于现实越发不满。与此同时，法国波旁王朝的统治者却仍旧骄

事 件	地 区	时间（年）
第六次俄土战争爆发	欧洲	1787
澳大利亚开始沦为英属殖民地	大洋洲	1788
华盛顿就任第一届美国总统	北美洲	1789
开始修建勃兰登堡门	欧洲	1789

时间（年）	地区	事件
1789	欧洲	《人权宣言》通过
1790	亚洲	四大徽班进京
1791	北美洲	美国民主党成立

奢淫逸，丝毫不考虑法国的未来。

1788 年，欧洲大陆遭遇严重自然灾害，法国农业经济系统性崩溃，在这种情况下，不满情绪开始蔓延。

农民们因为吃不饱饭而不满；小资产阶级因为政府盘剥而不满；大资产阶级因为手中没有权力而不满。在这种情况下，骄奢淫逸的王室居然要对国民加税，于是，反抗的烈火终于被点燃，轰轰烈烈的法国大革命爆发了。

1789 年，巴黎人民起义，攻占了象征封建王权的皇宫和巴士底狱，波旁王朝统治被推翻，人民组织制宪会议，登上了历史舞台。

1789 年 8 月 26 日，法国制宪会议通过了《人和公民权利宣言》，简称《人权宣言》，这是世界历史上第一部正式的人权宣言，可以说是启蒙运动的核心思想。

法国《人权宣言》明确宣称：国民会议在上帝面前及其庇护之下，承认并且宣布如下的人权和公民权。

第一条，人生来就是而且始终是自由的，在权利方面一律平等。社会差别只能建立在公益基础之上。

第二条，一切政治结合均旨在维护人类自然的和不受时效约束的权利。这些权利是自由、财产、安全与反抗压迫。

第三条，整个主权的本源根本上乃存在于国民。任何团体或任何个人皆不得行使国民所未明白授予的权力。

第四条，自由是指能从事一切无害于他人的行为；因此，每一个人行使其自然权利，只以保证社会上其他成员能享有相同的权利为限制。此等限制只能以法律决定之。

第六条，法律是公意的表达。每一个公民皆有权亲自或由其代表去参与法律的制定。法律对于所有的人，无论是施行保护或是惩罚都是一样的。

第十七条，财产是不可侵犯与神圣的权利，除非合法认定的公共需要对它明白地提出要求，同时基于公正和预先补偿的条件，任何人的财产皆不可受到剥夺。

《人权宣言》确立了天赋人权、自由平等的原则，否定了封建君主专制的等级制度，代表着旧封建王权灭亡和资产阶级政治制度的诞生。

热月政变

波旁王朝被推翻可以说是大快人心，然而，当共同的敌人被消灭之后，法国革命队伍开始分裂。最先分裂出来的是小资产阶级组织，他们发动了热月政变。

热月政变是于 1794 年 7 月 27 日（共和 2 年热月 9 日），法国大革命中推翻雅各宾派罗伯斯庇尔政权的政变。

罗伯斯庇尔

法国大革命前中期，雅各宾派的统治基本摧毁了封建专制制度，完成了革命任务。

1793 年，雅各宾派将逃亡贵族的土地用十年分期的方式出售给农民，无条件地废除封建义务，烧毁全部地契和文据，对私藏者处以徒刑。将封建土地所有制变成小农土地所有制，把封建主义的统治基础连根拔掉，几乎彻底摧毁了封建主义。

雅各宾派统治时期，废除天主教，改信“理性教”，教堂的圣像被马拉、沙利尔和勒俾勒迪的半身像所代替，同时从肉体上消除政见不同者。

雅各宾派采用恐怖政策来打击异己，镇压平民反抗，

事件	地区	时间（年）
诗人雪莱出生	欧洲	1792
法兰西第一共和国成立	欧洲	1792
热月政变爆发	欧洲	1794
白莲教起义爆发	亚洲	1796

时间（年）	地　区	事　件
1797	欧洲	音乐家舒伯特出生

缩减法律程序，造成了内部分裂，丧失群众基础，于是热月政变发生了。

1794 年 7 月 26 日，雅各宾派领袖罗伯斯庇尔在国民公会发表演说，表示“国民公会中还有尚未肃清的议员”，引发了议员们的恐慌，人人自危。议员们准备发动政变。

1794 年 7 月 27 日，罗伯斯庇尔在国民公会的发言被议会议长打断，国民公会宣布罗伯斯庇尔“不受法律保护”，加以逮捕。1794 年 7 月 28 日，罗伯斯庇尔、圣鞠斯特等二十二人因此被送上断头台。

热月政变后维护共和制的热月党人掌权，法国政权变得相对稳定。热月党人废除了之前雅各宾派的全面限价法令，恢复经济自由，释放了被雅各宾派逮捕的嫌疑犯，维护了社会秩序的稳定，保护了法国革命建立的共和制。

第九章　变革与发展

改造世界的拿破仑

通过大革命，法国旧制度被推翻，但紧接而来的并不是一个和平的新时代，而是一个颠覆和重建并存的混乱时代。混乱的时代，必然出英雄。这个时代，横扫整个欧洲并彻底影响了世界的英雄就是拿破仑。

1769 年，拿破仑出生于刚刚成为法国领土的科西嘉岛，1779 年，10 岁的拿破仑进入法国布里埃纳军校学习，并于 1784 年毕业，之后被选送到法国巴黎军官学校，学习炮兵指挥。1785 年，拿破仑加入拉斐尔军团并被授予了炮兵少尉军衔。

1795 年，法兰西王国改为法兰西共和国，资产阶级上台执政。英国组织了第一次反法同盟，对法兰西共和国宣战，法国大革命面临危机。

此时，拿破仑随法军击败了英国军队和保王党势力，挫败了第一次反法同盟，在战争中他表现优异，因此被破格提升为准将。

但是，因为拿破仑与罗伯斯庇尔兄弟关系密切，在罗伯斯庇尔倒台之后，拿破仑受到调查，还被罢免了准将军衔。

然而紧接着，法国保皇党残余势力发动兵变，在巴黎叫嚣推翻刚刚建立的共和国督政府。就在此时，拿破仑刚好来到巴黎为自己的未来进行游说，督政府于是要求拿破仑加入平叛军。

在平叛战斗中，拿破仑表现出卓绝的指挥才能，很快便镇压了叛乱，由此被晋升为巴黎卫戍司令。

次年，拿破仑又领命出征，征伐对象是盘踞在今天意大利北部的奥地利和撒丁王国反法联军。

事件	地区	时间（年）
亚当斯坦任美国总统	欧洲	1797
拿破仑远征埃及	非洲	1798
作家巴尔扎克出生	欧洲	1799

时间（年）	地区	事件
1799	欧洲	诗人普希金出生
1799	欧洲	拿破仑出任执政官
1800	北美洲	美国白宫建成

此一役，拿破仑被任命为法兰西共和国意大利方面军总司令，统率法军多次击败了奥地利帝国，迫使对方签订了有利于法兰西共和国的停战条约。夺取胜利后，拿破仑成了法兰西共和国人民的英雄。

正当拿破仑在军界和民间声名鹊起的时候，巴黎督政府却感觉到了威胁。

为了去除拿破仑对政府的威胁，同时也为了对英国的国际实力进行削弱，督政府把拿破仑任命为法兰西共和国阿拉伯—印度方面军（东方军）的司令，派往中东以抑制英国在该地区势力的扩张。

然而，这个看似一石二鸟的计划，却成就了拿破仑另一项丰功伟业。

在远征军中，除了2000门大炮外，拿破仑还带领了175名学者，以及上百箱的书籍和研究设备。在远征途中，拿破仑曾下达过一条著名的指令："让驮行李的驴子和学者走在队伍的中间。"

拿破仑远征埃及，摧毁了当地腐朽的封建统治，推动了中东地区的改革，与此同时，拿破仑组织专家采用先进技术对中东地区进行考古发掘，拯救了已经岌岌可危的古埃及文明遗迹，并揭开了近代考古大发现的序幕。

正当此时，法国国内再起变化。又一波的反法同盟在欧洲大陆形成，法国国内保王党的势力也趁机死灰复燃，法兰西共和国风雨飘摇。

1799年，拿破仑秘密赶回巴黎，一回到巴黎，拿破仑就获得了朝野的拥戴，进而发动了推翻督政府的雾月政变，拿破仑随即成为法兰西第一共和国执政官。

在执政初期，拿破仑做了两件事，一件事是击退反法联军，并与英国签署停战协定。另一件事就是颁布了《拿破仑法典》，《拿破仑法典》成为现代资产阶级法律的典范。

1804年11月6日，法国公民投票通过了共和国新宪法，法兰西共和国改为法兰西帝国，拿破仑加冕成为法兰西帝国皇帝。拿破仑随即组织军队对英国进行报复，然而，经过

拿破仑远征俄罗斯油画

特拉法尔加海战，法国与西班牙联合舰队几乎被大英帝国海军全歼，拿破仑进攻英国本土的计划失败。

1805年，奥地利、英国、俄国组成了第三次反法同盟，随即进攻法国。与此同时，拿破仑也组织军队对反法同盟进行反击。

同年10月12日，拿破仑指挥的法军占领了慕尼黑。10月17日，法军和奥军在乌尔姆激战后，取得乌尔姆战役胜利。12月2日，在奥斯特里茨，拿破仑又以7万部队击败了俄奥联军9万军队，反法同盟向拿破仑投降。

夺取了奥斯特里茨战役的重大胜利，拿破仑登上了人生巅峰，并使反法同盟再度瓦解。战争结束之后，拿破仑迫使奥地利帝国取消了神圣罗马帝国的称号，悠久历史的神圣罗马帝国终结。随后拿破仑联合了德国境内的各诸侯国组成了“莱茵同盟”，把它置于自己的保护之下。

1806年，英国、俄罗斯帝国、普鲁士王国组成了第四次反法同盟。不久之后，法军达武元帅的2万士兵击败普鲁士国王统率的5万人主力，夺取了普鲁士的大部分领土并攻占首都柏林。1807年，法军击败俄国，双方签订和平协议。法兰西第一帝国在欧洲大陆的霸主地位得到了确立。

1809年，欧陆战火重燃，反对拿破仑的国家组成了第五次反法同盟，然而迅速被拿

事件	地区	时间（年）
作家雨果出生	欧洲	1802
英国向法国宣战	欧洲	1803
法兰西第一帝国建立	欧洲	1804
制定《拿破仑法典》	欧洲	1804
作家安徒生出生	欧洲	1805

时间（年）	地　区	事　件
1806	亚洲	第七次俄土战争爆发
1806	欧洲	拿破仑占领柏林
1806	欧洲	神圣罗马帝国终结

破仑击败，法兰西第一帝国达到鼎盛。

然而，接连的胜利最终让拿破仑失去了冷静。1812 年 5 月，拿破仑率领 57 万大军远征俄罗斯，意图彻底扑灭反法同盟的火种。

战争一开始对拿破仑有利。9 月 16 日，拿破仑带领法军进入莫斯科。然而就在此时，俄军采取了坚壁清野的战术，沙皇亚历山大一世带着剩余的俄国高级将领和大部分居民撤出了莫斯科，随即俄罗斯寒冷的冬天到来了，拿破仑的军队中最后回到法国的只有不到 3 万人。

1813 年，英国、俄国、普鲁士、瑞典又组成了第六次反法同盟，双方经过多次交战，元气大伤的法军终于不复往日的荣光。

1814 年 3 月 31 日，巴黎被反法同盟军占领，同盟军要求法国无条件投降，同时拿破仑必须退位。4 月 11 日，拿破仑宣布无条件投降。4 月 13 日，拿破仑在巴黎枫丹白露宫签署退位诏书，波旁王朝复辟。

百日王朝

波旁王朝虽然在敌国的支持下复辟，但法国的人心仍然在拿破仑一边，再加上法军投降时余威尚存，所以可以想象拿破仑不会这么轻易就认输。

拿破仑被放逐到厄尔巴岛后，反法同盟在维也纳因分赃不均，相互之间剑拔弩张，法国人民对波旁王朝的残酷统治越发不满。拿破仑见时机已成熟，便决定东山再起。

1815 年 3 月 20 日，不甘心失败的拿破仑从厄尔巴岛逃回了法国，拿破仑回到法国后受到了法国人民的热烈欢迎。

路易十六知道拿破仑回归后立刻派兵阻止，结果路易十六的军队一看到拿破仑立刻倒

厄尔巴岛

戈。3月5日第五与第七步兵师投靠拿破仑，米歇尔·内伊在3月14日带领6000余名士兵向拿破仑投诚；5日之后，在路易十八逃走后，拿破仑与他的军队进驻巴黎，推翻了刚复辟的波旁王朝，再次登上帝位。

拿破仑再度掌权，欧洲各国收到拿破仑复辟的消息，惊惧不已，立刻组织第七次反法同盟，组建了70余万军队，而当时的拿破仑只有28万4000人的军队。

拿破仑率军迎击反法联军。6月18日，双方在比利时小镇滑铁卢展开决战。7.2万法军和6.8万英军及其盟军激战半天，最终以法军惨败而告终。拿破仑惨败，被英军流放到圣赫勒拿岛，拿破仑从回归巴黎重新成为法国皇帝到滑铁卢战败总共101日，因此拿破仑的新政权又被称为“百日王朝”。

滑铁卢战役

滑铁卢本是比利时南部的一个普通小镇，但因为拿破仑的法兰西帝国在此的一场战斗，滑铁卢得以永载史册。

1815年，拿破仑从厄尔巴岛回到法国，很快便推翻了波旁王朝，再次成为法国皇帝。

恐惧于拿破仑的威势，俄、奥、英等国很快组成了第七次反法联盟，他们集结了70

事件	地区	时间（年）
普鲁士军队被拿破仑的军队击败	欧洲	1806
柏林大学建成	欧洲	1810
《圣经》汉文本问世	亚洲	1810

时间（年）	地区	事件
1815	欧洲	滑铁卢战役中法军失利，统帅拿破仑被放逐
1815	欧洲	拿破仑第二次退位
1815	欧洲	德意志联邦建立

万军队，进攻法国，意图推翻拿破仑刚刚复辟的帝国。

拿破仑分析当前形势，认为俄奥联军只需要用少数兵力牵制，只要带领主力击败英普联军，此次危机便可瞬间解除。于是他率军北上比利时，决定攻占布鲁塞尔。滑铁卢是通往布鲁塞尔的要地，反法联军的总司令英国威灵顿公爵便在此驻防。

威灵顿公爵

6月16日，拿破仑出其不意地在林尼战役中击溃普军，击伤普军统帅布吕歇尔，但林尼战役并没有消灭普鲁士军队的有生力量，剩余普鲁士军队向布鲁塞尔撤退。拿破仑派出3万部队，几乎是法军1/3的兵力，追击撤退的普鲁士军队。

6月17日晚，战场下起大暴雨，地面泥泞不堪，骑兵只能在修筑的公路上行进。拿破仑军队在暴雨中追击英军，追至威灵顿公爵驻防的前线时，法军个个犹如落汤鸡，此时，后勤补给也接济不上，法军开始转入劣势。

6月18日，天气放晴。拿破仑后续部队赶来，在巡视阵地之后，拿破仑下令上午9时吃饭后进攻威灵顿公爵的阵地，与英军决战。

一开始，拿破仑比较轻视英军的防御，他要求部下速战速决，以最快的速度冲击英军防线。

然而，英军顽强地抵挡住了法军的进攻，并通过收缩防线让法军只能逐次添加兵力。双方经过数小时激战，英军没有溃散的迹象，而法军则渐渐不支。

傍晚时分，布吕歇尔带领的普军赶到战场，而法军则完全没有后援，在这种情况下，法军全线溃散，拿破仑只带着少量兵力逃出战场。

普鲁士教育改革

1806 年，普鲁士王国参加的反法同盟被拿破仑的军队击败，普鲁士丢失了大量领土，国家由此衰落。这虽然是法国席卷欧洲过程中的一件小事，但却导致了另外一个影响深远的事件。

因为意识到国家的衰弱，普鲁士以首相施泰因·哈登堡为首的一批有识之士开始着手实施国家复兴的战略。国家复兴重在人才，而人才重在教育，于是，教育改革就成了普鲁士复兴的重中之重。

而普鲁士的教育改革重任，最终就落在了威廉·冯·洪堡身上。通过事后的历史走向来看，洪堡主持的教育改革为普鲁士王国的崛起做出了重要的贡献，而其教育理念更为后来世界多国视作典范沿用至今。

洪堡认为普鲁士王国过去的贵族式等级教育制度已经无法适应当时的社会发展，等级制度已经成为阻碍社会发展的绊脚石。针对于此，他开创了三级教育体系的教育模式，即初等教育、中等教育和高等教育。

洪堡认为，现代大学应该是知识的总和，除了传统的人文科学专业外，还逐渐开设了自然科学专业。

1810 年，由国家资助的柏林大学建成，在洪堡的主持下，柏林大学成为欧洲第一所综合性的大学，聘任了那个时代负有盛名的自然科学家任教，创立德国化学学会。柏林也由此开始成为德国哲学、科学和学术的中心。

洪堡还认为，大学应该不仅仅是传授已有的知识，还要创造知识，要加强科学研究。

事件	地区	时间（年）
李汝珍著《镜花缘》	亚洲	1818
马克思出生	欧洲	1818
柏林宫廷剧院开始修建	欧洲	1818

时间（年）	地　区	事　件
1818	欧洲	作家屠格涅夫出生
1819	美洲	美国经济大萧条开始
1819	欧洲	彼得堡大学建校

他认为，衡量一个大学教师是否合格唯一的标准是他的学术成就和科研能力。

洪堡更进一步提出，大学虽然应该得到国家资助，但是国家不应该干预大学的事务，大学也不应该仅仅局限于完成教学任务，教育也不应以服务于某种职业需要为目的。整个教育应以发展人的自由个性、培养素质优秀的人才为目的，使受教育者成为忠实的爱国者和能够发挥全部天赋与才能的人才。

拿破仑战争和拉丁美洲的独立

拿破仑席卷欧洲对世界的另一个重要影响便是拉丁美洲大量殖民地开始脱离宗主国独立。

拉丁美洲大部分地域原是西班牙和葡萄牙殖民地，然而因为拿破仑战争，西班牙沦陷，葡萄牙也遭受攻击。在这种情况下，它们根本无暇顾及海外殖民地，导致拉美殖民地形成权力真空，给最终的独立运动创造了空间。

原西班牙的墨西哥总督府

19 世纪初的拉丁美洲被划分为 4 个总督辖区和 4 个督军辖区：总督辖区为新西班牙区（包括墨西哥）、新格兰纳达区、秘鲁区、拉普拉塔区；督军辖区为危地马拉区、委内瑞拉区、智利区、古巴区。

拉丁美洲殖民地的人民一直以

来被他们的宗主国进行残酷的压迫和剥削。1810 年，忍无可忍的拉丁美洲人民开始反抗殖民者的残酷统治。

1810 年 9 月 16 日，墨西哥北部多洛雷斯村的墨西哥人喊出了“独立万岁！美洲万岁！打倒坏政府”的口号，拉丁美洲的独立运动拉开序幕。

委内瑞拉是南美北部独立运动的中心，在玻利瓦尔的领导下，建立了委内瑞拉第二共和国。但它随后被拉丁美洲的殖民统治者镇压了。

1815 年，玻利瓦尔在委内瑞拉宣布解放奴隶，扩大队伍，建立了军事基地。1819 年，玻利瓦尔击败了拉丁美洲的殖民统治者，建立了大哥伦比亚共和国（1830 年又分为委内瑞拉、哥伦比亚和厄瓜多尔）。

1818 年，智利在圣马丁领导的远征军和沃依金斯领导的爱国军共同努力下宣告独立。

1820 年，圣马丁率军从智利渡海前往秘鲁，占领秘鲁总督区首府利马，秘鲁独立。

1820 年，墨西哥独立。

1822 年，玻利瓦尔与圣马丁在瓜亚基尔港会面，圣马丁退隐。

1822 年，巴西脱离葡萄牙统治宣布独立。

纪念玻利瓦尔的货币

1824 年，玻利瓦尔率领委内瑞拉、哥伦比亚、阿根廷和智利联军击败了秘鲁的殖民统治者。

1825 年，秘鲁完全解放。

16 年的拉丁美洲独立战争席卷了整个拉丁美洲，除古巴外，整个拉丁美洲均获得了独立。

事件	地区	时间（年）
拿破仑去世	欧洲	1821
李鸿章出生	亚洲	1823
作家小仲马出生	欧洲	1824
法拉第发现电磁感应	欧洲	1825

时间（年）	地区	事件
1825	欧洲	沙皇尼古拉一世即位
1825	欧洲	俄国爆发十二月党人起义
1832	亚洲	英国议会改革

达尔文与《物种起源》

19 世纪，人类在一片改革和革命的浪潮中，迎来了各领域的大发展。

这种发展在思想领域有两个重要的事件，第一个是无产阶级觉醒，第二个就是《物种起源》的出版。

《物种起源》的问世，彻底推翻了禁锢人类上千年的神创论，人类思想解放达到了前所未有的高度。而缔造《物种起源》的伟大科学家就是英国学者达尔文。

查尔斯·罗伯特·达尔文，英国生物学家、进化论的奠基者。他于 1809 年 2 月 12 日出生于英国一个医生世家。

达尔文

1828 年，达尔文在剑桥求学，结识了当时著名的植物学家 J. 亨斯洛和著名地质学家席基威克，在两人的指点下学习了植物学和地质学。

1831 年，达尔文从剑桥大学毕业，在老师亨斯洛推荐下以博物学家的身份参加了英国海军小猎犬号（即贝格尔号）舰环绕世界的科学考察航行。

1837 年，随小猎犬号的环球考察结束后，回到英国的达尔文开始他第一本物种演变笔记的创作。

1842 年，达尔文写出《物种起源》的简要提纲。

1859 年，达尔文的著作《物种起源》出版。

《物种起源》一书中，达尔文根据自己 20 多年的实践积累和大量的研究资料，以自然选择为中心论证了物种的起源和自然界的多样性和统一性。

《物种起源》开创了生物史上的新纪元，改变了人类对自然界和人类自身的观点，推翻了宗教宣传的“物种不变”和“神创论”。

达尔文一生最感兴趣，就是自己的著作，和在旅行中考察到的科研成果。达尔文除了创作《物种起源》外，还著有《考察日记》《贝格尔号地质学》《贝格尔号的动物学》等书，记述了达尔文一生的研究。

《共产党宣言》

拿破仑战争的影响还不仅限于拉美的独立，拿破仑的资产阶级属性，给欧洲封建势力造成了摧枯拉朽的打击。虽然拿破仑和他的帝国没有经受住封建势力的绞杀，但在拿破仑身后，欧洲资产阶级却逐渐走上历史舞台。

资产阶级的发展，必然带来的是无产阶级的诞生，在拿破仑失败40年之后，欧洲无产阶级开始觉醒，最典型的代表就是《共产党宣言》的问世。

《共产党宣言》是卡尔·马克思和弗里德里希·恩格斯为共产主义者同盟起草的纲领，由马克思执笔，1848年2月21日在伦敦发行单行本，2月24日正式出版。

《共产党宣言》是国际共产主义运动的第一个纲领性文件，第一次全面系统地阐释了科学社会主义理论。

1847年11月，共产主义者同盟第二次代表大会委托马克思和恩格斯起草一份共产主义者的行动纲领。

《共产党宣言》运用了辩证唯物主义和历史唯物主义分析生产力与生产关系、经济基础与上层建筑的矛盾，分析阶级和阶级斗争，特别是资本主义社会阶级斗争的产生、

事件	地区	时间（年）
英国保守党成立	欧洲	1833
科学家诺贝尔出生	欧洲	1833
宪章运动爆发	欧洲	1836
林则徐赴广州查办鸦片	亚洲	1838

时间（年）	地区	事件
1842	亚洲	《南京条约》签订
1844	北美洲	莫尔斯发明电报
1847	欧洲	马克思与恩格斯起草《共产党宣言》

发展过程，论证资本主义必然灭亡和社会主义必然胜利的客观规律，指出了共产主义运动已成为不可抗拒的历史潮流。

《共产党宣言》完整地阐述了马克思主义思想，揭示了资本主义社会内在矛盾和发展规律，论证了资本主义必将灭亡，无产阶级社会主义必将胜利，成为了资产阶级的掘墓人。

《共产党宣言》科学地论证了共产主义的历史必然性，明确地指出了无产阶级革命的基本路线和主要任务，阐明了无产阶级的根本利益。

共产主义者卡尔·马克思

卡尔·马克思，第一国际的组织者和领导者，被称为全世界无产阶级和劳动人民的伟大导师，无产阶级的精神领袖，国际共产主义运动的先驱。

马克思是德国伟大的思想家、政治家、哲学家、经济学家、革命家和社会学家，创立历史唯物主义哲学思想。

马克思出生于德国的一个律师家庭，18 岁进入柏林大学学习法律。

马克思最著名的著作是《资本论》。《资本论》创造了一个崭新的思想体系，其研究世界的方法源于德国哲学、早期社会主义理论和政治经济学，揭示了资本主义社会发展的规律。

1844 年，恩格斯造访巴黎，结识了马克思，两人开始科学社会主义的研究，结下了深厚的友谊。

1847 年，马克思和恩格斯应邀参加正义者同盟。后正义者同盟改组并更名为共产主义者同盟，也正是应共产主义者同盟的邀请，马克思和恩格斯共同起草了同盟的纲领《共产党宣言》。

印度民族大起义

印度民族大起义是1857年至1859年章西女王领导的印度北部和中部反对英国统治的民族起义。

在印度民族大起义之前，英国对于印度的殖民渗透仍然以贸易的形式为主，占主导地位的是英国的东印度公司。然而在起义之后，英国意识到印度对于自己的重要性，开始直接对印度进行统治。

19世纪上半期，印度完全沦为英国殖民地，成为英国的原料产地和商品倾销市场。1850年，东印度公司在印度建设铁路，设立司法体系。

需要指出的是，这些政策一定程度上促进了印度的发展。然而，东印度公司的强制西化丝毫不尊重印度民族的风俗和文化，从而激化了东印度公司和印度民众之间的矛盾。

1857年5月9日，英国驻印度军团的85名印度士兵拒绝擦拭子弹上牛油做的润滑油被判处10年苦役，这导致印军群情激愤，积蓄已久的愤怒终于爆发了。

5月10日，印度军人举行起义，他们打开牢门，释放了被判刑的士兵，进而进攻英国居民区。

5月11日，起义军要求莫卧儿帝国皇帝穆罕默德·巴哈杜尔·沙复位，成为起义军的首领。与此同时，章西地区的章西女王拉克希米·巴依也举起旗帜，发动暴力反抗。

这次起义横跨印度各种族和宗教，可以说是一次民族性的起义，然而，因为与英国军队实力相差悬殊，并且起义军之间并不团结，加上大量印度贵族和土地主基本都站在英国

事件	地区	时间（年）
印度民族大起义爆发	亚洲	1857
清朝与列强签订《天津条约》	亚洲	1858
《物种起源》出版	欧洲	1859
作家契诃夫出生	欧洲	1860
英法联军焚毁圆明园	亚洲	1860

时间（年）	地区	事件
1861	欧洲	意大利王国成立
1861	北美洲	美国南北战争爆发
1861	亚洲	作家泰戈尔出生
1861	欧洲	俄国农奴制改革

殖民者一边，支持英国镇压起义，最终起义以失败告终。

十二月党人起义和亚历山大二世改革

19 世纪 20 年代，拿破仑被反法联军击败，法兰西第一帝国彻底烟消云散。在反法联军进驻法国的时候，一些来自俄罗斯的贵族军官受法国自由主义的影响，逐渐产生了民主、自由、人权的先进思想。

这批军官回到俄罗斯之后，逐渐将思想散播开去，最终形成了一股强大的改革力量。这批军官意识到俄罗斯帝国的腐朽落后，出于民族自强的考虑，决定发动起义，推翻腐朽的沙皇统治和农奴制度。

1825 年 12 月，贵族军官发动起义，但因为种种原因，起义很快被镇压下去，因为起义发生在 12 月，因此这批贵族改革派又被称为“十二月党人”。

十二月党人起义虽然失败了，但是，俄罗斯民族也开始逐渐觉醒，终于，在 20 年之后，俄罗斯迎来了亚历山大二世改革。

亚历山大二世改革，史称“俄国农奴制改革”。

19 世纪中期，虽然整个欧洲都处于资产阶级觉醒、资本主义发展的浪潮中，但东方的俄国却仍然保留着落后的农奴制，这已经严重阻碍了俄国资本主义的发展以及国家的强大。

1856 年，沙皇亚历山大二世在莫斯科召见贵族，认为农奴制必须进行改革了，俄国不能再保持农奴制这个落后的制度了，农奴制严重阻碍了俄国的发展，使得俄国经济水平远落后于欧洲其他国家，只有进行改革，废除农奴制，俄国才能成为欧洲强国。

1857 年 1 月，俄国成立农民事务秘密委员会，但由于农民事务秘密委员会的委员大

沙皇亚历山大二世

多数是封建贵族和大地主，并不关心改革事务，他们的拖拉怠慢，引起亚历山大二世不满。11 月 20 日，亚历山大二世颁布诏书，成立省贵族委员会，保留地主的土地所有权、世袭领地权等权利。除农民获得了人身自由外，贵族的利益并没有受损。各省先后成立委员会。但改革事务仍没有进展。

1858 年，贵族对改革提出多种方案，但都是为了维护贵族的利益。农民不满政府的行为，发起暴动。亚历山大二世迫于压力做出让步，农民取得人身自由；农民组成村社，村社的管理机构由村社选举产生；地主同村社联系，不同农民个人联系；除保证农民长期使用份地外，应使之能够购买该份地为私产，政府可采用组织信贷办法帮助农民。

1859 年 3 月，成立了受农民事务总委员会领导的编纂委员会，制定总的改革方案。因编纂委员会提出的份地代役租和数额与地主提出的不一致，方案引起了贵族地主的不满，经过反复讨论，1860 年 10 月，修改案才交农民事务总委员会讨论，委员会讨论修改后，于 1861 年 1 月 14 日提交国务会议审批。1 月 28 日，国务会议批准改革方案。2 月 19 日，亚历山大二世签名后生效。俄国农奴制改革正式开始。

除了农奴制改革，亚历山大二世还鼓励办学，允许引进西方书籍，扩大大学自主权。

亚历山大二世改革之后，俄国进入了资本主义阶段，为俄国手工业工厂提供了大量的自由劳动力，维护了地主和贵族的利益，防止了农民起义，缓解了社会矛盾，巩固了沙皇专制统治的稳定。

事件	地区	时间（年）
法军远征墨西哥	欧洲	1862
林肯签署《解放奴隶宣言》	北美洲	1863
国际红十字会成立	欧洲	1864
政治家马克斯·韦伯出生	欧洲	1864
林肯遇刺	北美洲	1865

时间（年）	地区	事件
1865	亚洲	江南制造局建立
1866	亚洲	威尼斯并入意大利
1866	亚洲	革命家孙中山出生
1867	欧洲	《资本论》第一卷出版

亚历山大二世的改革，虽然使农民得到了自由，促进了资本主义的发展，但其本质是沙皇为了维护自身统治和封建贵族联合起来的，封建贵族主持的自上而下的资产阶级改革，是沙皇和贵族对农民进行的一次高明的剥削和掠夺。

这次改革既没有削弱贵族手中的权力，也没有减少地主所占有的土地，而农民反而失去了更多，农民只能以高价租种贵族的土地。所以，改革虽然让俄罗斯走上了资本主义的道路，但对于大多数农民和农奴来说，他们仍然处于最悲惨的社会底层。

英美贸易战和美国南北战争

欧洲资本主义的烈火很快便燃烧到美国。19 世纪上半叶，美国资本主义主要集中在北方，且处于刚刚起步阶段。虽然在拿破仑战争期间有了很大发展，但对于老牌帝国英国来说仍然弱小。

拿破仑战争之后，腾出手来的英国开始对全球进行经济侵略，这种行为对美国的表现就是倾销工业品。

英国的倾销行为给尚处于萌芽阶段的美国北部资本主义造成了沉重的打击，在这种情况下，美国资本家游说政府提高对英国关税，限制英国产品进口。

然而，当时的美国南方却是以农业经济为主导，农产品需要出口英国，农场主也需要英国廉价的工业品，他们反对提高对英国关税。

最终，在国会选举中代表北方利益的议员占了绝对多数，美国随即出台政策，提高英国产品关税，展开了对英贸易战。

对英贸易战虽然保护了北方资本家的利益，但也损害了南方种植园主的利益，于是，整个国家开始出现南北分裂，这种分裂持续 10 年之久，最终酿成了南北战争。

林肯总统

南北战争是美国历史上唯一一次内战，是北方资产阶级组成的美利坚合众国和南方种植园奴隶主组成的美利坚联盟国之间，围绕废除南方奴隶制度的一次战争。

美国自建国以来，南方和北方便采取了不同的发展路线，北方资产阶级设立工厂，以工商业为主。南方庄园主则掌握着大片的土地，建立种植园蓄养奴隶，以农业为生。

南方奴隶主主张把奴隶制推行到全国，而北方则想要限制奴隶制发展，甚至可以取消奴隶制。

19 世纪，随着美国经济的迅速发展，美国开发了西部的大片领土，成立许多新的州。南北双方便围绕着新的州成立时是否成为蓄奴州展开争斗。南方的奴隶主试图把新的州定为蓄奴州，北方资产阶级则想要新的州成为自由州，双方为了各自的利益争执不下，最终爆发了南北战争，掀起了废奴运动。

1850 年，北方资产阶级已经完成工业革命，资本主义得到迅速发展，工业发达，经济繁荣。

1854 年，南方奴隶主企图通过武力把奴隶制扩张到堪萨斯，堪萨斯的西部农民与来自自由州的移民为了反抗奴隶制发起了武装斗争，斗争持续到 1856 年，揭开内战序幕。

1857 年，约翰·布朗起义反对南方奴隶主把奴隶制扩张到全国。1860 年，林肯当选总统，主张废除奴隶制，南方蓄奴州叛乱，退出联邦，纷纷独立。

1861 年 2 月，南方 7 个蓄奴州组成了“美利坚诸州联盟”，以里士满为首都，戴维斯

事件	地区	时间（年）
美国购买阿拉斯加	北美洲	1867
奥匈帝国建立	欧洲	1867
明治维新开始	亚洲	1868

时间（年）	地区	事件
1868	亚洲	教育家蔡元培出生
1868	欧洲	作家高尔基出生
1869	亚洲	苏伊士运河开通

担任总统。4 月，南方攻占萨姆特要塞，内战爆发。

战争初期，拥有 23 个州 2234 万人口，15 亿美元年产值，130 万工人，22000 英里（约 35405 千米）的铁路网和丰富的粮食的北方，在面对只拥有 1550 万美元年产值，11 万工人，9000 英里（约 14484 千米）铁路的南方，居然被打得节节败退。

林肯为了击败南方，宣布解放黑人奴隶，允许黑人参军。成千上万人从南方逃到北方，参加军队。

1865 年初，由于奴隶纷纷逃亡，南方种植场经济濒于瓦解。同时南方部队被北方军队击败，南方投降，美国南北战争结束，美国恢复统一。

南北战争以北方联邦胜利告终，本来南北战争是为了维护国家统一的战争，后来演变成了废除黑奴制度的革命战争，战争解放了黑人奴隶。

美国通过南北战争消除了阻碍美国发展的奴隶制，为美国资本主义发展扫清了道路。因而，美国南北战争也被认为是一场资产阶级革命。

黑船事件和日本明治维新

美国资本主义的发展，需要广阔的市场，对于美国国内市场的争夺最终让美国人开始了对英贸易战，并导致了南北战争。而对国外市场的掠夺，也导致了一件大事，那便是日本的明治维新。

19 世纪中期，美国为寻找市场开始对外扩张。1853 年，美国海军准将马修 · 佩里率领舰队进入江户（今东京），武力威慑日本要求开放通商口岸，进行贸易。

1854 年，日本与美国签订了神奈川《日美亲善条约》，又名《神奈川条约》，日本向美国开放下田和箱馆（函馆）两个港口，并给予美国最惠国待遇。

明治天皇

因为佩里准将所率领的船队为日本人少见的铁甲舰，舰体黑色，因此日本又称此次事件为“黑船事件”。

黑船事件让日本民族感到耻辱的同时，也让一些有志之士开始觉醒。他们不但开始接触西方的工业，也开始逐渐接受西方的思想。在这些人士的引导下，日本改革势力逐渐形成，最终促成了奠定日本强国基础的明治维新。

明治维新是19世纪60年代日本在西方资本主义冲击下，全盘接受西化，实施内阁制、确立二元制君主立宪制的现代化改革。

幕府时代末期，日本出现了资本主义萌芽，经济发达的地区已经出现手工业工坊，民众出现改革的呼声。

日本民众面对幕府的压榨和外国侵略者的剥削，纷纷提出要“富国强兵”，推翻幕府统治。

1867年，明治天皇登基，下令讨伐幕府。1868年，明治天皇颁布《五条誓文》和《政体书》，建立以天皇为首的中央集权制国家。下令将江户改名东京，改年号为明治。1869年，迁都东京。

1869年6月，明治政府强制实行“版籍奉还”“废藩置县”政策，将日本划分为3府72县，建立中央集权式的政治体制，且天皇集一切权力于一身。废除传统的“士、农、工、商”身份制度，将皇室改称为“皇族”，过去的诸侯贵族改称为“华族”，幕僚、门客等改为“士族”，其他从事农工商职业的和贱民一律称为“平民”，收回华族和士族的封建俸禄，废除原有土地政策，颁布武士废刀令，颁布《户籍法》建立户籍制度。

事件	地区	时间（年）
政治家甘地出生	亚洲	1869
门捷列夫发表元素周期表	欧洲	1869
普法战争爆发	欧洲	1870
法兰西第三共和国成立	欧洲	1870
欧洲工业革命开始	欧洲	约1870

时间（年）	地　区	事　件
1871	欧洲	德意志帝国建立
1871	欧洲	巴黎公社建立

明治天皇同时命人翻译西方著作，鼓励民众学习西方社会文化及习惯，引进西方近代工业技术。设立工部省管理工商业，统一货币，推动工商业的发展；设立文部省，颁布教育改革法令《学制》，发展近代资产阶级性质的义务教育。

1872 年，颁布征兵令，凡年龄达 20 岁以上的成年男子一律须服兵役。改善各地交通，兴建日本第一条铁路。

1873 年，取消日本基督徒传教的禁令，鼓励神道教发展。宣传天皇思想。

1882 年，效仿法国刑法，修订日本刑法。1898 年，修订民事法。1899 年，修订商法。

日本通过，明治维新全面学习西方，迅速强大起来，摇身一变成为资本主义帝国，逐步废弃了与西方列强签订的不平等条约，摆脱了沦为殖民地的危险。

巴黎公社与《国际歌》

19 世纪下半叶，经过《共产党宣言》的洗礼，世界无产阶级开始了早期的试探性革命。其中，最具有代表性的就是法国人民缔造的巴黎公社。

1871 年 3 月 18 日到 5 月 28 日期间，法国巴黎存在过一个短暂的无产阶级政权——巴黎公社。

19 世纪 60 到 70 年代，普鲁士在铁血宰相俾斯麦的带领下开始了统一德意志的战争。要统一德意志，法国是不可不除的障碍。在这种情况下，普法战争于 1870 年爆发。

当时，法国处于第二帝国时期，执政者是拿破仑·波拿巴的侄子路易·波拿巴。

1848 年，巴黎爆发革命，波旁王朝复辟的政权被推翻，法兰西第二共和国成立。第二共和国成立之后，远在英国的路易·波拿巴回国，经过几年的造势，最终凭借法国人民对于拿破仑一世的热爱，通过选举上台成为第二共和国总统。随后，他操纵议会更改了法国国体，成立了法兰西第二帝国，自任皇帝。

拿破仑三世初期，励精图治，对外扩张，法国逐渐恢复了往日的辉煌。然而，普法战争爆发，普鲁士军队士气旺盛，最终击败并俘虏了拿破仑三世。留守巴黎的反对势力趁机上台，推翻第二帝国，成立了法兰西第三共和国。

1871 年 2 月，法兰西第三共和国政府同德国签订条约，割地赔款，此举遭到法国人民的反对和唾弃。3 月 18 日，临时政府的军队企图武力解除巴黎人民国民自卫军的武装。巴黎人愤怒反击，占领了巴黎，临时政府总理梯也尔逃出巴黎，前往凡尔赛。3 月 28 日，巴黎公社正式成立。

3 月 26 日，国民自卫军中央委员会作为当时巴黎唯一有效的政府，举行了公社选举。公会的 92 名成员，共同选举社会主义革命布朗基组织的前任领导布朗基为议会主席，但他本人已于 3 月 17 日被逮捕，整个巴黎公社活动期间他都在监狱。

巴黎公社

3 月 28 日巴黎公社宣布成立，采用象征社会主义的红旗以及第二共和国时期装饰有红边的三色旗作为自己的象征标志，恢复在第二帝国时期被禁唱的《马赛曲》为国歌。

巴黎公社的政策倾向于高度民主的社会民主主义。巴黎公社由于存在时间过短（只有 60 天），只有一部分政策得以实行，包括：政教分离；在围城期间所欠房租的免除

事件	地区	时间（年）
《中日通商章程》在天津签订	亚洲	1871
罗马并入意大利	欧洲	1871
西班牙第一共和国成立	欧洲	1873

时间（年）	地区	事件
1875	非洲	英国夺取苏伊士运河控制权

（在此期间支付实际已经中止）；数以百计的巴黎面包店的夜班的废除；向在服务期间死亡的国民自卫军的未婚伴侣以及子女发放抚恤金；由城市当铺免费发还所有在围城期间被抵押的工人的工具以及最高价值20法郎的生活用品，他们担心技术工人在战争期间被迫典当了他们的工具；推迟商业债务的偿还，废除借款利息；由工人接管并运营被原工厂主放弃的企业，将来他们可以接受补偿；废除官员的高薪制，规定公社委员最高（国民自卫军总司令）年薪不超过6000法郎（相当于当时巴黎中等收入工人的年收入）。

虽然巴黎公社最后失败了，但巴黎公社社员英勇无畏的精神被人传颂至今。

第十章　世界大战的硝烟

萨拉热窝事件和第一次世界大战

20世纪初的世界是一个动乱即将爆发的世界，当时世界绝大多数地区还处于几个帝国的统治之下。

然而，腐朽的统治和人民的觉醒，以及新兴国家的殖民侵略，给这些国家的统治埋下了大量的隐患，终于，在20世纪的第二个十年里，这些隐患集中爆发开来，人类历史上一场十分残酷的战争爆发了，而始作俑者就是奥匈帝国。

20世纪初的奥匈帝国，是一个岌岌可危的庞大帝国，帝国版图虽大，但帝国内各民族争取独立的呼声却愈演愈烈。为了解决此类问题，帝国曾对各民族数度妥协，包括将国名从奥地利王国改名为奥地利及匈牙利联合王国等。

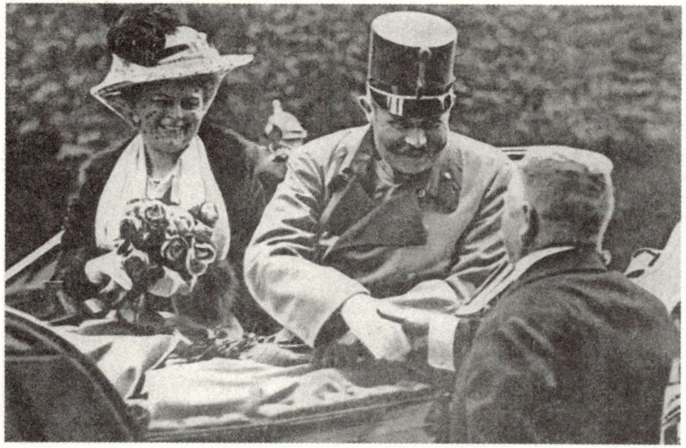

奥匈帝国皇储斐迪南大公

然而，在腐朽的统治下，任何妥协都只是将危机的爆发延后，而不能彻底解决危机。终于，在国际势力的几番介入下，奥匈帝国成了一个名副其实的火药桶。一个偶然的事件发生之后，火药桶被点燃了。

萨拉热窝事件是1914年6月28日发生在塞尔维亚，奥匈帝国皇位继承人斐迪南大公夫妇被塞尔维亚民族主义者普林西普枪杀

事件	地区	时间（年）
巴拿马运河开通	美洲	1914
新文化运动开始	亚洲	1915
意大利对奥匈帝国宣战	欧洲	1915

时间（年）	地　区	事　件
1916	亚洲	军阀袁世凯去世
1916	欧洲	意大利对德宣战
1917	亚洲	中国对德宣战

的事件。该事件直接导致奥匈帝国向塞尔维亚宣战，第一次世界大战就此拉开序幕。

1878 年，塞尔维亚在俄国的帮助下获得独立，但塞尔维亚的北部还处于奥匈帝国的统治下。为了塞尔维亚的统一，塞尔维亚出现了一个极端组织——“黑手社”，主张以恐怖袭击的方式在奥匈帝国制造混乱，使塞尔维亚完成统一。

同时，奥匈帝国正计划着摧毁塞尔维亚。奥匈帝国的皇位继承人斐迪南正是战争计划的制订者之一。

1914 年，斐迪南与德国皇帝会谈，德国皇帝表示当奥匈帝国进攻塞尔维亚时，俄国要是插手帮助塞尔维亚的话，德国将会援助奥匈帝国。（1879 年，德国与奥匈帝国结成了同盟，共同抵御法国和俄国。）在德国的支持下，奥匈帝国决定于 1914 年 6 月 28 日在靠近塞尔维亚边境的波斯尼亚城市萨拉热窝，举行军事演习震慑塞尔维亚。为了这次演习，斐迪南夫妇决定亲自前往萨拉热窝巡视。

奥匈帝国的行动，激怒了塞尔维亚民族主义团体“黑手社”和波斯尼亚当地的秘密民族主义团体“青年波斯尼亚”拟定了行刺斐迪南的计划。斐迪南夫妇在进入萨拉热窝市区后，遭遇了普林西普，被普林西普用手枪击中，斐迪南夫妇丧命。

斐迪南夫妇被刺杀后一个月，奥匈帝国向塞尔维亚宣战。

7 月 31 日，德国警告俄国和法国停止对塞尔维亚的战争支援，否则德国将会出兵帮助奥匈帝国。德国的最后通牒被无视，德国同时对俄国和法国宣战。

8 月 2 日，德国通知比利时要求借道比利时进攻法国，并限比利时在 24 小时内回复。比利时拒绝了德国的无理要求，并向英国求援。

8 月 4 日，德国军队分为四路进攻比利时，英国向德国发出最后通牒，要求停止进攻比利时，被拒绝后，英国向德国宣战，第一次世界大战爆发。

在随后的几年里，奥斯曼土耳其帝国、意大利、美国、日本、中国等世界各国相继卷入战争，15 亿左右人口被世界大战波及，给世界各国人民带来深重灾难。

第一次世界大战是人类将科技应用得空前全面的一次战争，让人类意识到了科技武器的残酷。与此同时，因为第一次世界大战而导致的美国兴起、欧洲衰落、奥匈帝国和奥斯曼土耳其帝国崩溃，彻底改变了世界原有的格局。

凡尔赛会议

经过 4 年的残酷战争，第一次世界大战终于在 1918 年落下帷幕。战争结束了，战后安置成了亟待解决的问题。

由于第一次世界大战的非正义性，战后安置问题完全演变成为一场瓜分战利品的“分赃”行为，而这场“分赃”的主要活动就是在巴黎召开的凡尔赛会议。

1919 年 1 月 8 日，凡尔赛宫镜厅，来自 38 个国家的 70 名代表，就战败国的惩罚问题进行谈判。

谈判由五个战胜国（英国、法国、美国、意大利、日本）政府首脑和外长组成的“十人委员会”主导。其实质就是所谓“五大国”对于战败国的随意处置。然而，因为“五大国”各有利益诉求，所以谈判进行得极不顺利。

谈判中作为战败国的德国和奥匈帝国被禁止参加谈判事务，俄国因 1917 年与德国单独达成和解也被排除在外，由于各国之间的诉求和利益原因，谈判过程矛盾重重，日本和意大利也在要求获得领土被拒绝后，退出了谈判。

1919 年 5 月 7 日，德国代表团接受战胜国提出的所有条件。但因德国被排除在谈判之外，德国政府认为以上条件不公并提出抗议，随即退出会议，并未签署在会议上商定的《凡尔赛和约》。

事　件	地　区	时间（年）
十月革命爆发	欧洲	1917
苏联退出一战	欧洲	1918
奥地利建国	欧洲	1918
《凡尔赛和约》签订	欧洲	1919
第三国际成立	欧洲	1919

时间（年）	地区	事件
1920	欧洲	国联成立
1920	亚洲	印度开展非暴力不合作运动
1921	北美洲	华盛顿会议召开
1921	北美洲	签订《四国条约》
1921	欧洲	大不列颠及北爱尔兰联合王国成立
1922	欧洲	列宁当选为苏联主席
1923	亚洲	土耳其共和国成立
1924	欧洲	列宁去世，斯大林开始执政
1925	亚洲	“五卅惨案”发生

1919 年 6 月 20 日，以古斯塔夫·鲍尔为总理的德国新政府成立，在 23 日德国国会举行的投票中支持接受和约者以 237 票比 138 票胜出，28 日，德国新外长赫尔曼·穆勒在和约上签字。

《凡尔赛和约》的签订令德国损失了 13.5% 的领土、12.5% 的人口、16% 的煤产地和半数的钢铁工业，以及所有的海外殖民地。

同时，根据《凡尔赛和约》，德国必须承认全部战争责任，承认对协约国平民犯罪；前德皇威廉二世被审判为战争罪首犯；部分德军被审判犯有战争罪，其中一些被判处死刑；限制德国部队人数，并且不得拥有坦克和重型火炮等进攻性武器，取消德军总参谋部的设置；不得组织空军；废除义务兵役制。

按照《凡尔赛和约》，为了赔偿战胜国，德国政府需要支付 2690 亿金马克的赔款，相当于 9.6 万吨黄金。但到 1929 年，这笔赔款被减少到 1139.5 亿金马克，必须在 59 年内付清。

《凡尔赛和约》签订后，协约国联军总司令福煦曾说：“这不是和平，不过是 20 年的休战。”

《凡尔赛和约》，全称《协约和参战各国对德和约》，它的签订，标志着第一次世界大战正式结束。然而，因为各国相互之间的猜忌和妥协，也给了德国发动第二次世界大战的机会。

值得一提的是，在凡尔赛会议上，美国总统威尔逊提出了成立国际联盟解决国际争端的提议，这个提议得到了与会各国的支持，1920 年 1 月

凡尔赛宫

10 日，国际联盟宣告成立。

然而讽刺的是，国联从一开始就是大国霸权的象征，成了大国追求利益的幌子，而丝毫没有正义性可言。最可笑的是，因为美国国内的反对势力，国联虽然由美国总统威尔逊提出，但美国国会并没有批准美国加入国联。

一战结束后的 20 年里，国联对于处理帝国主义侵略问题的无能让人们看到了国联真实的情况，二战结束之后，国联寿终正寝，被联合国所取代。

阿芙乐尔号的炮声和苏联建立

第一次世界大战最后胜利的一方是以英法俄为代表的协约国一方，然而，俄国却并不是最终的胜利者，因为在战争进行中，沙皇俄国政府被布尔什维克所推翻，俄国退出了战争。

一战中，沙皇俄国主要负责在东线进攻德军与奥军，在进攻中，由于军事力量的悬殊，俄军损失惨重。再加上国内频繁出现的饥荒问题，沙俄政府逐渐难以支撑消耗巨大的战争，国内不满情绪高涨。

在这种情况下，沙皇俄国非但没有停下战争的机器，反而加大对战争的投入，这无疑就给自己的灭亡埋下了祸根。

终于，阿芙乐尔号一声炮响，苏维埃革命军事委员会进攻冬宫，俄国十月革命爆发了。

1917 年，二月革命推翻俄罗斯帝国的沙皇统治后，俄国同时出现了资产阶级临时政府和苏维埃政府两个政权。

1917 年 4 月，列宁回到俄国，发表了《四月提纲》，提出俄国要从资产阶级民主过渡到社会主义民主，俄国人民革命热情高涨。

事件	地区	时间（年）
墨索里尼组建法西斯内阁，在意大利实施独裁	欧洲	1925
希特勒重建纳粹党	欧洲	1925
革命家孙中山去世	亚洲	1925

时间（年）	地区	事件
1925	欧洲	《日内瓦议定书》签订
1925	亚洲	故宫博物院开放
1926	北美洲	有声电影诞生

冬宫

1917年11月6日，阿芙乐尔号的军舰委员会主席，布尔什维克党人别雷舍夫接到革命军事委员会的命令，配合赤卫队发动起义，夺取政权。

1917年11月7日（俄历10月25日）上午，起义军夺取了彼得格勒。阿芙乐尔号的电台播发列宁的《告俄国公民书》，向全世界宣布苏维埃已经掌握了政权。起义军包围了冬宫，当晚9时45分，阿芙乐尔号炮击冬宫发出进攻信号，第二天冬宫被占领，十月革命获得胜利。

阿芙乐尔号的炮声象征着十月革命的成功，标志着世界上第一个无产阶级政权的建立。

十月革命成功之后，沙俄被苏俄政府所取代，苏俄政府为了保卫革命成果，立即与同盟国签订了停战协定，用割地的方式退出了战争。

此后，经过几年的内战、外战，苏俄（1922年12月30日起称苏联）政府逐渐站稳了脚跟，并开始经济探索。

苏联早期的经济探索，集中了国内一切可以集中的力量，从而让国力迅速恢复并发展。到第二次世界大战前期，苏联已经成为仅次于美国的世界第二强国。

可以说，苏联的革命挽救了岌岌可危的俄国，而无产阶级登上历史舞台，终于宣告了人类第一次实现了各阶层的平等。

华盛顿会议和美日经济腾飞

凡尔赛会议和其后的一系列协定基本解决了第一次世界大战战后安置的问题。然而，战后国际秩序的决定，则是由另一场会议决定的，那就是华盛顿会议。

华盛顿会议的初衷是解决凡尔赛会议没有解决的各项问题，如中国问题、太平洋地区利益问题。

一战结束后，帝国主义列强为了争夺在中国及太平洋地区的利益和海上霸主的地位，纷纷展开了军备竞赛，随之而来的便是各国巨额的军费，各国财政开始捉襟见肘。

为了阻止无休止的军备竞赛，美国召开华盛顿会议，重新划分各国在中国及太平洋地区的利益，限制各国海军军备。

华盛顿会议召开，虽然美、英、法、意、日、比、荷、葡和中国北洋政府均派代表团参加，但实际会议却是在美、日、英三国的操纵下进行的。

1921 年 12 月 13 日，美、英、日、法四国签订《关于太平洋区域岛屿属地和领地的条约》，通称《四国条约》。条约规定：四国“互相尊重它们在太平洋区域内岛屿属地和岛屿领地的权利”，“缔约国之间发生有关太平洋某一问题的争端”而未能通过外交途径获得满意解决时，应召开缔约国会议解决。缔约国在太平洋区域的权利遭受任何国家威胁时，缔约各国应全面进行协商，以便“联合地或单独地采取最有效的措施”应付局势。

在关于海军限制方面各国从会议开始就明争暗斗，谁都不愿意自己国家实力被限制。直到会议结束，美、英、法、意、日五国才签订《美、英、法、意、日五国关于限制海军军备条约》，通称《五国海军条约》。条约规定，五国主力舰总吨位限额按 5∶5∶3∶1.75∶1.75 的比例建造，即美英各 52.5 万吨、日本 31.5 万吨、法意各 17.5 万吨。禁止建造标准排水

事件	地区	时间（年）
日本进入昭和时代	亚洲	1926
北伐战争开始	亚洲	1926
有声电影在美国诞生	北美洲	1926

时间（年）	地区	事件
1926	欧洲	英国女王伊丽莎白二世出生
1926	欧洲	哲学家福柯出生
1927	亚洲	南昌起义爆发

量超过 3.5 万吨的主力舰，并不得装置口径超过 16 英寸的火炮。

1921 年 11 月 26 日，中国代表施肇基在中国问题方面提出《十项原则》，要求尊重并遵守中国“领土之完整及政治与行政之独立”，赞同美国要求中国实行的“门户开放”政策。

12 月 14 日，王宠惠提出废除 1915 年日本向中国提出的“二十一条要求”的议案。中国还在会议上提出山东问题。经中日谈判，1922 年 2 月 4 日签订《中日解决山东悬案条约》和《附约》，日本被迫交还德国胶州租借地，日军撤出山东，青岛海关归还中国，但日本在山东仍保持相当大的势力。

1922年2月6日，与会国签订《九国关于中国事件适用各原则及政策之条约》，通称《九国公约》。条约规定：缔约各国尊重中国的主权与独立及领土与行政的完整；维持各国在中国全境工商业机会均等的原则；各国不得在中国谋取特殊权利而损害友邦人民的权利，不得鼓励有害友邦安全的举动；除中国外，各国不得谋取或赞助其本国人民谋求在中国任何指定区域内获取专利或优越权。

华盛顿会议的召开，重新确立了帝国主义列强在东方的势力和利益，使中国回归到几个帝国主义国家共同支配的局面。

在这场会议之后，老牌帝国英国勉强维持了一丝尊严，法国则完全衰落下去，而日本作为一个新兴的国家却一举迈入列强行列。

在此后接近 10 年的时间里，美国和日本开始了经济的高速腾飞，工业的发展，对全球市场的占有，国民经济每年都保持两位数的增长，金融作为一个重要的国民经济门类开始走上历史舞台。

然而，金融业的发展虽然能够给人类带来福音，但丝毫没有控制的金融业却也给幼稚冲动的人类狠狠上了一课。

事件	地区	时间（年）
英国总罢工爆发	欧洲	1926
经济大萧条爆发	全球	1929
法国开始修建马其诺防线	欧洲	1930

《日内瓦议定书》

在凡尔赛会议和华盛顿会议之外，人类还举行了另一次影响深远的会议——日内瓦会议。

有鉴于第一次世界大战给人类带来的伤痛和恐惧，如何避免战争成了当时人们讨论的焦点，就是在这样的背景下，日内瓦会议召开了。

1925年6月17日，美国、英国、法国、德国、日本等37个国家，在日内瓦召开国际联盟会议，会议上通过、签署了《禁止在战争中使用窒息性、毒性式其他气体和细菌作战方法的议定书》。协议自1928年2月8日起生效，无限期有效。

第一次世界大战，由于德国大量使用化学武器，对英国和法国造成了巨大的伤害，于是英国和法国也相继将化学武器投入战场，对人类和自然造成了无法挽回的损失。

恐怖的毒气战

于是，根据1899年海牙第2公约附件和第2宣言中强调的禁止使用毒物和有毒武器，禁止使用产生不必要痛苦（指超过使战斗员丧失战斗力、造成极度痛苦甚至死亡）的武器的惯例，各国制定签署了《日内瓦议定书》。

至1984年12月31日，共108个国家和地区加入签署了《日内瓦议定书》，宣布：禁止在战争中使用窒息性、毒性或其他气体，以及类似的液体、物质或器件；各缔约国同意将这项禁令扩大到禁止使用细菌作战方法。

《日内瓦议定书》的签订把禁止使用化学武器和生物武器作为国际法所公认的准则确定下来。

中华人民共和国政府于 1952 年 7 月 13 日声明，承认中华民国政府于 1929 年 8 月 7 日加入的《日内瓦议定书》，并指出："该议定书是有利于国际和平与安全的巩固，并且是符合于人道主义原则的"，中国将在"互相遵守的原则下，予以严格执行"。

世界经济大萧条和法西斯崛起

华盛顿会议之后，世界局势回归稳定，各国开始逐渐走上发展经济的正常轨道。此时，由于工业资本主义的发展，金融业开始大放异彩，获得了前所未有的社会地位。

然而，由于资本主义经济发展规律的必然性，工业社会在 20 世纪 20 年代的最后几年开始进入滞胀阶段。而在这种全球性的滞胀中，金融业起到了推波助澜的作用，终于，一场席卷世界的经济大萧条出现了。

经济大萧条起源于美国，之后迅速波及整个资本主义世界，并最终导致法西斯的崛起和第二次世界大战的爆发。

1929 年以前，美国经济日益繁荣，直到经济危机爆发之前，美国人还对美国的经济充满信心，认为美国经济会一直这么繁荣下去，疯狂投资成了那个时代最正常的选择。

1929 年 10 月 24 日，华尔街股价突然暴跌，之后股市崩盘，股票一夜之间跌落谷底，坠入深渊，这一天也成为美国人的"黑色星期四"。

因为金融业的发达，股票市场的崩溃迅速传导到了美国经济的每一个角落，更可怕的

时间（年）	地区	事件
1930	北美洲	美国宇航员阿姆斯特朗出生
1930	欧洲	《伦敦海军条约》签订
1930	亚洲	中原大战结束

大萧条中等待救济的人

连锁反应很快降临：疯狂挤兑、银行倒闭、工厂关门、工人失业、贫困来临，城市中的无家可归者用木板、旧铁皮、油布甚至牛皮纸搭起了简陋的栖身之所。农业资本家和大农场主生产了大量产品却无法卖出，市场已经崩溃了，美国人民的口袋已经空空如也。

大萧条时期，美国约有 200 万到 400 万中学生中途辍学，失业人口总数达到了 830 万。就在同一时间，美国经济大萧条的影响扩散到了全世界，世界各国都不同程度陷入经济危机当中，其中尤以新兴的资本主义国家日本和正在复苏的德国受影响最为严重。

在严重的影响下，各国人民都在寻找出路。结果，将对内严格管制、对外疯狂扩张作为主要对策的法西斯政治势力在德国、日本纷纷上台，第二次世界大战的阴影正在逼近。

值得一提的是，虽然大萧条对美国的影响最大，但美国却没有走上法西斯道路，而是通过有效的经济改革，走上了另一条道路。这场经济改革，就是著名的罗斯福新政。

1933 年，罗斯福总统上任成为第 32 任总统。为了帮助美国克服经济危机，帮助美国人民度过大萧条时期，罗斯福颁布了一系列的政策。这些政策后来被人称为“罗斯福

事　件	地　区	时间（年）
西班牙第二共和国成立	欧洲	1931
九一八事变爆发	亚洲	1931
英联邦成立	全球	1931

时间（年）	地区	事件
1933	北美洲	罗斯福新政颁布
1933	北美洲	芝加哥世博会开幕
1935	亚洲	波斯更名为伊朗
1936	欧洲	英王爱德华八世即位

新政”。

罗斯福上台后率先从金融业入手，美国国会通过了《紧急银行法》，银行重新开业，金融活动重新开始。同时施行《农业调整法》和《全国工业复兴法》，罗斯福要求资本家遵守“公平竞争”的规则，规定各企业生产的规模、价格、销售范围；规定工人们最低工资和最高工时，从而限制了垄断，减少和缓和了紧张的阶级矛盾。

1933 年 5 月，国会通过《联邦紧急救济法》，成立联邦紧急救济署，实行“以工代赈”，给失业者提供从事公共事业的机会。创造了 2300 万人的就业机会，占全国劳动力的一半以上。到第二次世界大战前夕，联邦政府支出的种种工程费用及数目较小的直接救济费用达 180 亿美元，美国政府借此修筑了近 1000 座飞机场、12000 多个运动场、800 多座校舍与医院，是迄今为止美国政府承担执行的最宏大、最成功的救济计划。这笔钱经过工人的口袋，通过不同渠道和消费，成为政府刺激消费，恢复经济的源头。

1935 年，美国开始着重通过《社会保险法案》《全国劳工关系法案》《公用事业法案》等法规，以立法的形式巩固新政成果。

1938 年，罗斯福提议颁布了《公平劳动标准法》(又称《工资工时法》)，它的主要条款包括每周 40 小时工时，每小时 40 分为最低工资；禁止使用 16 岁以下童工，在危险性工业中禁止使用 18 岁以下工人。

罗斯福上任后用以工代赈的形式修建的一大批工程项目，不仅大大缓解了失业，刺激了经济的早日复苏，而且为美国建设了许多基础设施，有些设施直到今天还在发挥功能。

墨索里尼入侵埃塞俄比亚

在美国正努力恢复经济的时候，法西斯国家却正忙着对外侵略。在东方，日本入侵中国东北；在欧洲，德国加紧了战争的准备；在非洲，意大利墨索里尼政府开始了对埃塞俄比亚的入侵。

墨索里尼是意大利国家法西斯党党魁。

1919 年，墨索里尼发起一场“法西斯主义运动”，建立了世界上第一个“战斗的法西斯党”。1921 年，墨索里尼建立了国家法西斯党，1928 年，建立法西斯独裁统治。

1934 年 12 月，墨索里尼挑起埃塞俄比亚与意属索马里的冲突制造借口，于 1935 年 10 月 3 日发动入侵埃塞俄比亚的军事行动。

战争开始后，30 万驻扎在东非的意大利现代化军团，分为三路进攻埃塞俄比亚。在埃塞俄比亚战争中，意大利军队违反《日内瓦议定书》使用了芥子毒气，埃塞俄比亚军队无力抵抗而溃败。

墨索里尼

1936 年 5 月 5 日，意大利军队占领了埃塞俄比亚首都亚的斯亚贝巴。埃塞俄比亚皇帝塞拉西一世被迫流亡英国。埃塞俄比亚开始以游击战的形式反抗意大利军队。

1937 年，抗战部队领袖在首都附近的安博成立“团结和合作委员会”，选出统一的指挥部和政治领导。

1939 年，游击队发展到 40 万人，控制大部分国土。

1941 年，塞拉西一世率英国部队从苏丹返国，爱国者起义，队伍迅速扩大。

1941 年 4 月 6 日，英、埃军队解放亚的斯亚贝巴。5 月 5 日，塞拉西一世进入首都，埃塞俄比亚复国，赢得战争胜利。

事　件	地　区	时间（年）
“二二六事件”爆发	亚洲	1936
意大利占领埃塞俄比亚	非洲	1936
文学家鲁迅去世	亚洲	1936

时间（年）	地区	事件
1936	欧洲	德国举办奥运会
1936	欧洲	西班牙陷入内战
1936	亚洲	西安事变爆发
1937	欧洲	张伯伦就任英国首相

日本“二二六事件”

在意大利入侵埃塞俄比亚的前两年，东方兴起的新兴帝国主义国家日本，已经开始了对中国的侵略。

通过九一八事变，日本利用中国军阀和政府间的矛盾，迅速占领了东北全境，并开始对华北步步紧逼。

九一八事变之后，日本政府内部开始出现意见分歧。以文官为核心的政治集团主张就此停手，保住“胜利果实”。然而以军官为核心的政治集团则主张一鼓作气，发动对中国的全面战争。

而在军官集团内部，又有一些最为极端的顽固法西斯势力，他们狂热的战争欲望让他们将矛头对准了本国政府，于是，一场流血冲突不可避免地爆发了。

“二二六事件”，又名“帝都不祥事件”或“不祥事件”，是1936年2月26日，日本帝国陆军的部分皇道派青年军官率领千余名士兵刺杀反对皇道派的政府和军方高级成员的一次失败的政变。

1934年，林铣十郎大将接任陆军大臣后把统制派中坚人物永田铁山提升为军务局长和少将，日本陆军中统制派的实力增强，统制派在与皇道派的争斗中占据上风。

1935年7月，陆军大臣林铣十郎罢免了皇道派重要代表真崎甚三郎的陆军教育总监的职务。皇道派与统制派的关系恶化。

1935年8月，皇道派军官相泽三郎中佐带着军刀闯进了永田铁山的办公室，刺杀了永田铁山。

永田死后，统制派为了打击皇道派，趁陆军人事定期调整之际，把第1师团师团长、

日本兵变士兵

皇道派成员柳川平助调任中国台湾驻屯军司令官。这一命令彻底激怒了皇道派的少壮军官。

1936年1月，日本冈田启介内阁倒台，日本政局出现动荡。皇道派少壮军官决定在3月之前发动政变，彻底消灭统制派。

1936年2月26日凌晨，千余名士兵在香田清贞大尉、安藤辉三大尉、河野寿大尉、野中四郎大尉等九名军官带领下，从驻地武器库中夺取了步枪、机枪等武器，发动政变，分头刺杀统制派人员和军方高层。

由栗原安秀中尉率领步兵第1联队机关枪中队前去刺杀首相，轻易地击垮了首相府的防御，但首相戏剧性地逃过了一劫，首相的秘书由于和首相长相相似被误杀，首相化装逃脱。

坂井直中尉指挥步兵第3联队的第1、第3中队各1部的士兵，闯入内大臣的家中击杀了内大臣，然后高呼着“天皇万岁”离去。

“二二六事件”中，多名日本高官被害，2月28日日本军部在愤怒的天皇的命令下平定了兵变。

“二二六事件”后，日本陆军皇道派的势力彻底衰落，统制派独掌大权。但皇道派追求的法西斯化和军部独裁，却被独揽军队大权的统制派实现。

事件	地区	时间（年）
长篇小说《骆驼祥子》发表	亚洲	1937
飞艇“兴登堡号”坠毁	北美洲	1937
全面抗日战争开始	亚洲	1937

时间（年）	地区	事件
1938	欧洲	德国吞并奥地利
1938	欧洲	《慕尼黑协定》签订
1938	亚洲	汪精卫投靠日本侵略者

“慕尼黑阴谋”和第二次世界大战

在日本和意大利对外侵略的同时，另一个法西斯国家德国也在不断地试探，最具有代表性的就是《慕尼黑协定》的签订。

1938 年，经过数年政治斗争逐渐在国内站稳脚跟的希特勒和纳粹党开始了对外扩张。

他们先是通过对西班牙佛朗哥政府的支持锻炼军队的实战能力，随后，在强大的武力威慑下，德国撕毁《凡尔赛和约》，并向捷克斯洛伐克伸出了战争的触角。

捷克斯洛伐克是第一次世界大战之后从奥匈帝国独立出来的，其中苏台德地区是原奥匈帝国治下德意志民族占绝对多数的地区。

夺取苏台德地区之后，本身就存在民族问题的捷克斯洛伐克没有能够妥善处理好苏台德地区德意志民族和其他民族间的问题，导致德意志民族不满情绪高涨。

1938 年，希特勒就借口捷克斯洛伐克迫害苏台德地区德意志民族，悍然要求占领该地区。捷克斯洛伐克无奈之下求助于国联，于是，一场被称为“慕尼黑阴谋”的会议载入了史册。

《慕尼黑协定》是第二次世界大战前英国、法国、意大利和德国在慕尼黑签订的协议。《慕尼黑协定》中英、法、意三国，在捷克斯洛伐克没有在场的情况下，将捷克斯洛伐克的苏台德区割让给了德国，从而换取德国将会进攻苏联的保证。

捷克斯洛伐克位于欧洲的中心，在德国的计划中捷克斯洛伐克的战略地位十分重要，占领了捷克斯洛伐克，德国既可以得到捷克斯洛伐克的军事工业和丰富的矿产资源，还可以将捷克斯洛伐克作为跳板，进攻苏联和英、法等国。

1938 年，英国首相张伯伦拒绝了苏联要请英国和法国共同应对德国威胁的要求。之

希特勒

后张伯伦在与法国总理达拉第的会谈中明确表示，英国决定放弃对捷克斯洛伐克的保护，不会为了捷克斯洛伐克与德国发动战争。

希特勒看准了英国首相在战争的威胁下一定会妥协，于是在德国边境集结军队做出了发动战争的样子，对英国和法国进行恐吓。同时对英国和法国表示，捷克斯洛伐克是德国最后一块在欧洲想要的土地，如果英国将捷克斯洛伐克割让给德国，德国愿意签署协议，保证不在欧洲发动任何战争。

1938 年 9 月 15 日，张伯伦抵达德国，与希特勒进行关苏台德地区的问题的谈判。9 月 18 日，英法两国不切实际地认为将苏台德地区割让给德国，希特勒的胃口就一定会得到满足。于是两国无视捷克斯洛伐克人民的强烈反对，经过商定同意“凡是苏台德日耳曼族居民占 50% 以上的全部领土，都直接转让给德意志帝国”。9 月 25 日，捷克斯洛伐克政府强烈反对英法两国出卖捷克斯洛伐克的利益换取和平的做法。

1938 年 9 月 26 日，希特勒发表声明，如果 10 月 1 日前苏台德地区没有交给德国，那么德国军队已经准备好了发动战争。9 月 27 日，希特勒电告张伯伦，提出与捷克斯洛伐克政府进行谈判。张伯伦立刻邀请捷克斯洛伐克前往德国谈判，同时邀请法国和意大利的代表来参加。

1938 年 9 月 29 日，英、法、意三国与德国在慕尼黑举行会议。会议举行时捷克斯洛伐克的代表虽然到场，但是却没有被允许参加会议，到了会议结束时捷克斯洛伐克的代表才被人带到会议室要求在已经谈好的协议上签字。

事　件	地　区	时间（年）
德国吞并捷克斯洛伐克	欧洲	1938
德国入侵波兰，二战爆发	欧洲	1939
《苏德互不侵犯条约》签订	欧洲	1939

时间（年）	地　区	事　件
1939	欧洲	英国对德国宣战
1940	欧洲	德国入侵丹麦及挪威
1940	欧洲	奥斯维辛集中营修建

张伯伦回到伦敦下飞机的时候，兴高采烈地声称，他带回来“一代人的和平”，他对英国人说：“这是我们时代的和平，我建议你们安心地睡去吧！”

然而，希特勒在占领苏台德地区后并没有兑现他的承诺，因为此时他已经看到了英法的软弱，对于战争的最后一丝顾虑打消了。1939 年，希特勒悍然入侵波兰，第二次世界大战全面爆发了。

奥斯维辛集中营

在第二次世界大战初期，德国几乎是以“摧枯拉朽”式的进攻横扫着欧洲大陆。并且随着德意日三国轴心的确立，希特勒已经逐渐相信未来的世界将由德意志民族重新规划了。

在希特勒对未来的规划中，犹太人、波兰人等种族是不在他的计划之内的。于是，人类历史上惨绝人寰的种族大屠杀开始了，其中最具有代表性的就是奥斯维辛集中营。

奥斯维辛集中营是德国在纳粹时期，在波兰小镇奥斯维辛建立的有“死亡工厂”之称的战俘、罪犯和犹太人的集中营。

在奥斯维辛集中营里纳粹分子对集中营中关押的犯人进行惨无人道的屠杀和人体实验。奥斯维辛集中营在纳粹时期总共杀害了大约 110 万人，其中大部分是犹太人。

1940 年 4 月 27 日，纳粹德国党卫军首领海因里希·希姆莱下令修建奥斯维辛集中营。1940 年 6 月，奥斯维辛集中营的第一批犯人被送到，这批犯人主要是来自波兰的政治犯。

1941 年 10 月，纳粹分子将奥斯维辛集中营扩大，修建了奥斯维辛集中营二号营——比克瑙集中营。比克瑙集中营占地 175 公顷，可以直接停靠火车，奥斯维辛集中营的犯人都是在比克瑙集中营筛选分类的。这里也是奥斯维辛集中营的处决场所。营内设有行刑场

奥斯维辛集中营

及毒气室，可进行大规模屠杀。1942年1月20日的万湖会议纳粹通过了“最终解决方案”，利用灭绝营对犹太人进行有系统的大屠杀，大约110万人被害，九成以上是犹太人。

莫诺维茨集中营是奥斯维辛集中营的三号营，属于德国的劳动营。在莫诺维茨集中营约有11000名犯人在负责挖煤、生产水泥和橡胶等工作。而无法从事体力工作的人，医生会按时送往比克瑙灭绝营的毒气室进行屠杀。

1945年初，面临失败的德国纳粹炸毁了这些大规模杀人装置。

1945年1月27日，苏联红军解放了奥斯维辛集中营，当时集中营内仅有7000多名幸存者，其中包括130名儿童。

在德国纳粹的统治下，奥斯维辛集中营的医生会对集中营中的犯人进行分类，进行筛选，判断是否有实验价值，而大部分的犹太人以及妇女、儿童、老人或是被判断为没有价值的人，会直接送往刑场或是毒气室杀害。

在奥斯维辛集中营犯人会被剃去头发、消毒、拍照建立档案，在身上刺上编号，没收财产，最后依人种及性别被分送到不同的监牢关押。他们的囚服上会标明“政治犯”，“普通罪犯”“外来移民”“同性恋”和“犹太人”作为区分。

事件	地区	时间（年）
丘吉尔任英国首相	欧洲	1940
德国空袭英国	欧洲	1940
巴黎沦陷	欧洲	1940
意大利向同盟国宣战	欧洲	1940

时间（年）	地区	事件
1941	欧洲	德国开始入侵苏联
1941	亚洲	印度诗人泰戈尔逝世
1941	亚洲	东条英机上台

奥斯维辛集中营关押的所有犯人最终的命运都将是被杀害。纳粹在集中营除了惨无人道的人体实验还残忍地将被屠杀者的人皮做成手套和灯罩，头发做成褥垫，就连囚犯身上的脂肪，都被刮下来做成肥皂，尸体烧完后当肥料。

奥斯维辛集中营是纳粹分子滔天罪行的铁证，见证了纳粹分子反人类、反社会的疯狂屠杀，对整个人类社会都具有警示作用。

1947 年 7 月 2 日，奥斯维辛集中营旧址被波兰国会立法成为纳粹屠杀殉难者纪念馆；1979 年，联合国教科文组织为了警示世界“要和平，不要战争”，将其列入世界文化遗产名录。

巴巴罗萨计划

意大利入侵希腊，日本占领中国东北和华北，侵入华南，德国横扫西欧各国，法西斯轴心国的胜利让德国陷入前所未有的自信当中。在这种狂热的自信中，德国制定了入侵苏联的“巴巴罗萨计划”。

苏联领袖斯大林

“巴巴罗萨计划”是第二次世界大战德国进攻苏联的行动代号。由当时德国陆军总参谋部军需部长保卢斯根据希特勒的命令，在 1940 年 8 月制定，原名“奥托计划”，1940 年 12 月后改为“巴巴罗萨计划”。

1940 年，德国在与法国的战争中获得胜利，同盟国部队从敦刻尔克撤离，英军撤离法国，但英军靠着海军优势使得希特勒无法进攻英国本土，于是希特勒准备进攻苏联，意图夺取苏联庞大的土地和资源。

“巴巴罗萨计划”制定前，苏联刚刚经历肃反运动，苏联红军的战斗力严重衰退。

希特勒认为这将是德国进攻苏联最好的时机，德国军队只需要数个月便可以摧毁苏联的防御取得胜利。

之后证明，希特勒的自信是有道理的，战争初期苏联军队表现得确实如希特勒所预料的那样不堪。然而，这种盲目的自信让希特勒失去了理智，一个重要的表现就是德军居然没有准备冬天的补给。

希特勒认为德国占领了苏联就可以从乌克兰获得大量的食品，获得更多的资源尤其是德国紧缺的石油，同时获得大批劳动力。假设德国军队可以在短期内消灭道加瓦河和第聂伯河以西的大多数苏联红军，苏联就会不战自溃。

然而，实际上是德军确实消灭了计划中的苏联红军，但苏联后方源源不断的增兵使得“巴巴罗萨计划”最终以失败告终。

二战中的苏联红军

1941 年 6 月 22 日，以德国为首的轴心国联军对苏联发起进攻，德国投入了 550 万地面部队对苏联西线进行全面攻击，同时罗马尼亚、匈牙利、斯洛伐克和意大利等国的数十万联合军队也投入到了德国进攻苏联的战场上。

战争开始时，苏联在西线驻防的军队大约有 260 万人，在德国发动攻击后更是有源源不断的援军从后方抵达。在持续半年的战争中，苏联损失

事件	地区	时间（年）
日本偷袭珍珠港	亚洲	1941
德国向美国宣战	欧洲	1941
中国对轴心国宣战	亚洲	1941
日本占领菲律宾、新加坡等地	亚洲	1941

时间（年）	地区	事件
1942	欧洲	物理学家霍金出生
1942	欧洲	英、苏两国签订同盟互助条约
1942	美国	曼哈顿计划开始

了450万士兵，但此时在西线抵抗德国的苏联红军已经达到400万人。

德国在这半年的战争中取得了许多胜利，但是这场战争中德国并没有获得最后的胜利。苏联的抵抗力量十分强大，在经过了早期的混乱之后，苏联站稳脚跟开始了有计划的反击。

而与此同时，德国的东方伙伴日本又发动了对美国的太平洋战争，导致1941年12月美国向轴心国宣战，德国的进攻态势开始逆转。

而后，长期的战争也拖垮了德国的社会秩序，大批的征兵使得生产劳动的人员紧缺，战争的消耗更是令德国的资源开始捉襟见肘，无法满足人民和士兵的需求。“巴巴罗萨计划”失败，德国逐渐走向战败。

偷袭珍珠港和太平洋战争

第一次世界大战之后的华盛顿会议让日本获得了很多实惠，一方面是海军军力的提升，另一方面是太平洋大多数岛屿都被日本收入囊中，导致日本海军对本国在太平洋的军事实力有了一种近乎愚蠢的自信。

1931年，日本入侵中国东北，美英等国已经意识到了日本的威胁。1939年，第二次世界大战爆发，美国尚未与日本彻底决裂，但已经逐渐开始对日实施经济制裁，最突出的就是工业材料禁运。

美国的禁运让日本人十分恼火，双方用了除军事手段之外的一切敌对方法。此时，随着德国在欧洲战场的胜利，日本的嚣张气焰到了极点，他们进一步入侵中国，并同时入侵了美英传统势力范围内的东南亚，于是，美日战争已经不可避免了。

当时，日本军队高层判断，美日战争不可避免，那么与其等美国宣战，不如先抢占太平洋的制海权，于是，海军军令部制定了偷袭珍珠港的计划。

偷袭珍珠港是日本政府策划的对美国太平洋海军舰队基地。珍珠港的偷袭事件。日本军队偷袭珍珠港是为了占领英美等国的殖民地以获得石油，以缓解日本的资源紧缺。否则日本就会因为资源问题无力再进行战争，只能停止侵略扩张。

偷袭珍珠港的主要作战目标是摧毁美国海军在太平洋上的主要力量，从美国手里获得太平洋地区的海上统治权。

策划偷袭珍珠港的主要人物是山本五十六，1941 年 1 月，日本开始为了偷袭珍珠港展开严格的训练。

关于偷袭珍珠港的计划，日本人参考了 1921 年美国的一本小说《伟大的太平洋战争》，书中描写了一支日本舰队偷袭珍珠港、关岛和菲律宾群岛等情况。这本书被翻译成日文，日本很多人都读过这本书。

珍珠港是美国太平洋舰队最重要的基地，在夏威夷群岛附近，距日本约 3500 海里。

偷袭珍珠港

1941 年 1 月 7 日，山本五十六正式提出偷袭珍珠港的计划，并制定“Z”方案。

1941 年 12 月 7 日凌晨，日本海军中将南云忠一率领的 6 艘航空母舰、2 艘战列舰、3 艘巡洋舰、9 艘驱逐舰和 3 艘潜艇组成的舰队已经在珍珠港附近待命。

接到进攻的命令后，日本的航母上 183 架飞机起飞，开始袭击珍珠港。7 时 53 分，飞机传来偷袭成功的信号，日本 168 架飞机再次发动了对珍珠港的袭击。美军仓促

事件	地区	时间（年）
中途岛战役爆发	太平洋	1942
斯大林格勒战役开始	欧洲	1942
盟军在第厄普登陆	欧洲	1942
卡萨布兰卡会议召开	非洲	1943

时间（年）	地区	事件
1943	北美洲	五角大楼建成
1943	北美洲	宋庆龄在美国国会发表演讲

迎战，损失惨重。

这次偷袭几乎炸毁了珍珠港和瓦胡岛上的所有机场和停泊的舰船。美军几乎所有的战机都被摧毁，12 艘舰船被击沉或破坏，2403 名美国人丧生。

偷袭珍珠港计划是日本海军一次非常成功的作战计划。

然而偷袭珍珠港的计划对日本的影响远不止这些，在日本偷袭珍珠港后，原本置身事外的美国民众愤怒地要求国家向日本宣战，惩治日本人的张狂。

而以当时美国强大的国力来看，国家一旦朝战争方向运转起来，所产生的能量是无法想象的。而事实也正是如此，仅仅在珍珠港事件爆发半年之后，转动起来的美国战争机器就开始了对法西斯国家的反击，太平洋战场局势瞬间逆转，日本最终的失败已经定局。

斯大林格勒保卫战

美军的反击让亚洲战场风云突变，而在欧洲，苏联人也开始了他们的反击，反击的起点就是著名的斯大林格勒保卫战。

斯大林格勒保卫战是第二次世界大战中苏联为了抵抗德国进攻发起的战役。该战役是近代历史上最为血腥的一场战役，也是第二次世界大战的转折点之一，这场战役双方伤亡约 200 万人。

斯大林格勒在德国进攻苏联的战场上有着非常重要的战略地位，德军如果占领了斯大林格勒，既能获得德军紧缺的石油，又可以支援意大利夺得苏联重要的粮食和工业生产基地，对苏联造成重大打击。于是为了保住斯大林格勒，苏联与德国展开了大会战。

德国第 6 集团军保卢斯上将率领 27 万人，共 1000 多架飞机、3000 门多火炮和 500 辆坦克率先开始进攻斯大林格勒。同时德国统帅部不断向斯大林格勒增兵，德国第 4 装甲集团军、第2集团军，匈牙利第2集团军，罗马尼亚第3、第4集团军和意大利第8集团军，先后抵达战场，参加这场大会战。

为了保卫斯大林格勒，7月12日，苏联组建了斯大林格勒方面军，由第62、第63、第64、第21集团军和空军第8集团军，以及后来的第57、第51集团军和第1、第4坦克集团军组成。

保卫斯大林格勒任务开始时，苏联在斯大林格勒的部队仅有16万人、454架飞机、2200门火炮和迫击炮、约400辆坦克。

1942年7月17日，双方为了争夺斯大林格勒展开激烈的战斗，这场战斗一直持续到1943年2月2日。德国第6集团军和第4装甲集团军，罗马尼亚第3、第4集团军，意大利第8集团军被歼灭，轴心国损失150万人。苏联获得了胜利，苏联和德国双方在战场上的局势被扭转，苏联开始掌握主动权，进入战略反攻阶段。

斯大林格勒保卫战

苏联获得了斯大林格勒保卫战的胜利不仅消耗了敌人大量的有生力量，同时扩大了国际反法西斯同盟的力量。

在斯大林格勒保卫战之后，德国停下了对外扩张的脚步。而此时，缓过神来的苏联迅速开动了战争机器，开始了对德国进行反攻。

苏联的反攻逐渐打乱了德国的阵脚，德国军事力量在二战中第一次出现了总退却。

事件	地区	时间（年）
日本联合舰队司令山本五十六被击毙	大洋洲	1943
华沙犹太人发动起义	欧洲	1943

时间（年）	地区	事件
1943	非洲	北非轴心国军队向盟军投降
1943	大洋洲	美军取得瓜岛战役的胜利
1943	欧洲	库尔斯克战役爆发

与此同时，在亚洲基本锁定了对日的优势之后，美国将主要经历调整到了欧洲战场上。美军进驻欧洲西线战场，加速了德国的失败。

诺曼底登陆

斯大林格勒保卫战之后，苏军开始进入战略反攻，然而轴心国实力尚存，苏军与德军在东欧战场陷入苦战。

与此同时，美军已经赶到欧洲战场，但只是在西欧地区进行了小范围的空降和登陆试探，并没有给德军造成较大的军事压力。

在这种情况下，苏联迫切要求美军在西线开辟第二战场，从而缓解苏军在东线的压力，在几经博弈之后，美军同意在 1944 年进行欧洲大陆登陆作战，这就是载入史册的诺曼底登陆。

诺曼底登陆是第二次世界大战中欧洲战场上一场大规模的反击，接近 300 万的士兵渡过英吉利海峡从法国诺曼底登陆，发动对德国法西斯的攻击。

1941 年 9 月，斯大林向丘吉尔提出在欧洲开辟第二战场，夹击德国法西斯，牵制德国的军事行动，缓解苏联的压力。但英国根本无力组织大规模的战略登陆。英国只能派出小股部队对欧洲大陆进行骚扰。

1942 年 7 月，英国在苏联的强烈要求下派出了 6018 人组成的突击部队在法国第厄普登陆，结果因为准备不充分遭到惨败，伤亡 5810 人，伤亡率高达 96.5%。

1943 年 5 月，英美等国决定开辟第二战场。英美开始制订登陆欧洲大陆的计划，登陆地点经过多方对比，最后选在了地形开阔、守军薄弱的法国诺曼底，进攻时间为 1944 年 6 月 6 日。

诺曼底登陆计划的目标是在法国北部夺取一个便于盟军登陆的战略地点。为了实现

二战中的英军

诺曼底登陆，盟军集结了近300万人的部队，其中陆军共36个师，分别是23个步兵师、10个装甲师、3个空降师。海军投入包括13艘战列舰、47艘巡洋舰、134艘驱逐舰在内的约1200艘战舰，各式登陆舰艇4126艘，还有5000余艘运输船。空军作战飞机13700架，其中轰炸机5800架，战斗机4900架，运输机、滑翔机3000架。

而德国在诺曼底海滩附近的兵力远弱于盟军。海军兵力为驱逐舰5艘，潜艇52艘，远洋扫雷舰16艘，巡逻舰116艘，扫雷艇309艘，鱼雷艇34艘，炮艇42艘。空军作战飞机约450架，其中战斗机160架。

在诺曼底登陆中，盟军的空降兵任务并不是抢夺登陆点，而是在距登陆地点15千米的位置空降阻止敌人增援，同时从后方袭击德国诺曼底附近的守军。这一决定为盟军胜利登陆创造了条件。

诺曼底登陆

诺曼底登陆后，欧洲第二战场开辟，德国开始两线作战，减轻了苏联的压力，也加速了法西斯德国的灭亡。

刺杀希特勒

法西斯德国在欧洲战场的形势急转

事件	地区	时间（年）
“七月密谋”发动	欧洲	1944
巴黎解放	欧洲	1944
诺曼底登陆	欧洲	1944

时间（年）	地　区	事　件
1944	北美洲	布雷顿森林会议召开
1944	欧洲	罗马尼亚对德国宣战
1944	欧洲	盟军反攻进入德国

直下，国内反对希特勒的势力也开始逐渐兴起。

希特勒本是出生在德国和奥地利边境的普通家庭，一战时只当过下士，在相当讲究名望和资历的德国政坛，他可以说是一匹令很多人厌恶的黑马。

希特勒执政早期，军队高层就对希特勒十分不感冒，只是由于希特勒的支持率高，不得不听命于希特勒。

现在，战争进入尾声，德国败象已露，军队一些军官便开始了刺杀希特勒挽救德国的计划。

1944 年 7 月 20 日，德国军人施陶芬贝格上校企图刺杀德国领导人希特勒发动政变，行动失败。这件事被称为密谋案，又称“七月密谋”。

密谋案原计划是由施陶芬贝格往东普鲁士拉森堡的狼穴在希特勒身边放置定时炸弹，然后前往柏林命令部队起义。成功后德国将成立一个新的影子政府，由贝克上将担任国家元首，格德勒担任总理。并且假装柏林出现工人暴动，派出军队镇压，利用此事件掩护军事部署。

施陶芬贝格

执行计划时施陶芬贝格将一枚定时炸弹放在公文包中，并把公文包放在希特勒附近后悄悄退出，当时希特勒正伏在桌子上看地图，但是爆炸被厚实的桌子阻挡了一下，希特勒只受了轻伤，但当场有许多人受伤，还有四人死亡。

施陶芬贝格则在爆炸后趁着混乱飞往柏林，起初谋反者已经开始行动，但希特勒未死的消息传开，谋反人员便停止了行动，政变失败。

而政变的主谋施陶芬贝格上校、欧布利特将军、基尔海姆上校及海夫顿中尉皆于当晚被捕随后被枪决。如今这些人在德国则被认为是抵抗法西斯暴政的战士被纪念。

雅尔塔会议和联合国成立

美国的参战让第二次世界大战同盟国一方胜利已成定局，那么，战后问题应该怎么样解决呢？为了不重蹈一战的覆辙，同盟国主要国家首脑连续召开会议讨论战后问题，其中最重要的一次便是雅尔塔会议。

雅尔塔会议是英、美、苏三国在乌克兰雅尔塔皇宫举行的一次关于制定战后世界新秩序和列强利益分配问题的一次关键性首脑会议。目的是讨论欧洲战后重组问题，加强反法西斯统一战线、协调对德日法西斯的作战行动、加速世界反法西斯战争的胜利。惩处战争罪犯、消除纳粹主义和军国主义。

1943 年底，第二次世界大战进入最后的阶段，德意日法西斯败局已定。为此，英、美、苏三国需要举行一场最高首脑的会晤，商讨战争胜利后的一系列问题，在这个背景下，雅尔塔会议召开。

会议中，美国希望苏联加入与日本法西斯的战斗中，帮助美国尽快获得胜利。英国则想要东欧在战后能自由选出民主政府；苏联注重东欧的战略布局。

会议决定由美、英、法、苏四国分区占领德国和德国必须交付战争赔偿以及彻底消灭德国军国主义和纳粹主义。

因为在雅尔塔会议召开的时候，美国尚未研制出原子弹，美国预计击败日本乃至占领日本本土仍然需要较大的牺牲。因此，在雅尔塔会议上，美国一再要求苏联对日宣战。

事件	地区	时间（年）
苏联解放华沙	欧洲	1945
美军解放马尼拉	亚洲	1945
苏联解放布达佩斯	欧洲	1945
冲绳战役开始	亚洲	1945

时间（年）	地区	事件
1945	北美洲	美国总统罗斯福去世
1945	欧洲	苏军攻克柏林
1945	欧洲	德国战败投降

最终，苏联承诺在欧洲战事结束后两到三个月之内参加对日作战。

会议同意乌克兰和白俄罗斯为联合国创始会员国，决定由美、英、法、苏、中五国为安理会常任理事国，规定实质性问题常任理事国一致同意的原则。

会议还讨论了希腊、南斯拉夫、意大利等欧洲国家的有关问题。会议签署了《雅尔塔协定》，为联合国的建立奠定了基础。

雅尔塔会议确立的雅尔塔体系对世界新秩序的影响深远。

雅尔塔会议照片

原子弹爆炸和二战结束

1943 年，意大利法西斯政府崩溃，1945 年 5 月 7 日，德国宣布无条件投降，二战欧洲战场、非洲战场战事结束，盟军军事重心转移到了亚洲战场。

当时的日本还占有中国许多土地，以及太平洋上很多岛屿。

然而，随着一种新型武器的出现，击败日本变得容易了。预计要经过一年才能结束的战争，在三个月之后就戛然而止，这种新型武器就是原子弹。

在第二次世界大战之前，科学家们就已经了解到元素聚变和裂变能够产生巨大的能量，一些人设想，如果将这股能量运用到武器上会怎么样呢?

1937 年 2 月，纳粹德国率先开始执行“铀计划”，不过进展一直缓慢。四年之后，美国加入盟军，此时的美国云集了从欧洲逃亡出来的科学家，其中一位来自匈牙利的物理学家齐拉德·莱奥首先考虑到，一旦法西斯德国掌握原子弹技术可能带来严重后果，经他和另几位从欧洲移居美国的科学家奔走推动，美国第 32 任总统罗斯福决定研制原子弹，并将这项工程起名为“曼哈顿计划”。

1945 年，欧洲战事结束，美军将主要精力转移到日本战场上来。在攻占了菲律宾和硫黄岛后，美军舰队集结于冲绳海域，计划将琉球群岛拿下，将冲绳当作进攻日本本土的跳板，为美军机空袭日本提供便利。

正因冲绳战略地位对美日双方都至关重要，所以美军遭到了日本军队的顽强抵抗，最终付出 7 万余人伤亡的代价，才取得了这场战役的胜利。

冲绳战役使美国反思登陆日本作战计划可能会造成美军难以承受的损失，鉴于当时的严重损失，美军高层估计登陆日本本岛作战，会造成美军百万官兵的伤亡。

怎样避免美军大规模伤亡，又能迅速结束第二次世界大战呢?美国人想到了刚刚研制成功的原子弹。虽然一开始美国人研制原子弹攻击的对象是德国，但现在德国投降了，日本就成了攻击的对象。

“小男孩”是第二次世界大战时美国在日本广岛投掷的原子弹的名称。1945 年 8 月 6 日，超级空中堡垒轰炸机在广岛上空 31000 英尺（9000 米）投下。原子弹在日本当地时间早上 8 时 15 分，在 1800 英尺（550 米）高度爆炸，在广岛约有 7 万人立即因核爆炸而死。

1945 年 8 月 9 日上午，美军又对日本实施第二次原子弹攻击，原子弹“胖子”本来的攻击目标为小仓市。当天早上负责投弹的 B~29 战机飞到小仓上空时，发现当地被云层覆盖，于是决定改为攻击后备目标长崎。突击队将原子弹“胖子”投在长崎市。轰炸造成

事件	地区	时间（年）
波茨坦会议举行	欧洲	1945
美国用原子弹攻击日本	欧洲	1945
日本投降，二战结束	亚洲	1945

时间（年）	地区	事件
1945	欧洲	铁托建立南斯拉夫

当日长崎市 23 万人口中的 10 万余人伤亡和失踪，城市 60% 的建筑物被毁。

慑于原子弹的威力，日本很快就宣布无条件投降，第二次世界大战就此结束，人类历史翻开了崭新的一页。而随着日本的投降，原子弹再无用武之地，但从第二次世界大战结束到现在，核武器却成了笼罩在全世界人们头上的阴云。未来，人类怎样避免自己的命运被自己所创造的科技所绑架，将会成为一个困扰人类的永恒话题。

图书在版编目 (CIP) 数据

我用年表读历史 . 一看就懂的世界史 / 刘翠清编著 . —北京：中国法制出版社，2019.8

ISBN 978-7-5216-0394-1

Ⅰ . ①我…　Ⅱ . ①刘…　Ⅲ . ①世界史－历史年表　Ⅳ . ① K108

中国版本图书馆 CIP 数据核字（2019）第 153244 号

责任编辑：胡艺　刘冰清　　封面设计：仙境设计

我用年表读历史 . 一看就懂的世界史

WO YONG NIANBIAO DU LISHI. YI KAN JIU DONG DE SHIJIESHI

编著 / 刘翠清

经销 / 新华书店

印刷 / 北京海纳百川印刷有限公司

开本 / 710 毫米 ×1000 毫米　16 开　　印张 / 14.5　字数 / 205 千

版次 / 2019 年 8 月第 1 版　　2019 年 8 月第 1 次印刷

中国法制出版社出版

书号 ISBN 978-7-5216-0394-1　　定价：48.00 元

北京西单横二条 2 号　邮政编码 100031　　传真：010-66031119

网址：http://www.zgfzs.com　　**编辑部电话：010-66034985**

市场营销部电话：010-66033393　　**邮购部电话：010-66033288**

（如有印装质量问题，请与本社印务部联系调换。电话：010-66032926）